원서발췌
형이상학

고전 명작을 읽는 가장 쉬운 길,
'지식을만드는지식 원서발췌'

축약, 해설, 리라이팅이 아닙니다. 원전의 핵심 내용을 문장 그대로 가져옵니다. 작품의 오리지낼리티를 가감 없이 느낄 수 있습니다.
두껍고 읽기 어려워 책장을 덮어 버리곤 했던 고전을 발췌합니다. 해당 작품을 연구한 전문가가 작품의 정수를 가려 뽑아냅니다. 핵심만 읽기 때문에 더 빠르게 더 많은 고전을 읽을 수 있습니다. 제외된 부분은 중간중간 친절하게 요약 설명합니다. 풍부한 해설과 주석으로 전체 내용을 파악하는 데 무리가 없습니다. 정확한 번역, 적절한 윤문으로 10대에서 80대까지 누구나 쉽게 읽을 수 있습니다. 콤팩트한 사이즈와 분량이므로 간편하게 휴대할 수 있습니다. 수천 쪽의 고전을 발췌된 내용으로 읽고도 전체 의미를 파악할 수 있는 것이 지식을만드는지식 원서발췌의 매직입니다. 발췌율은 표지에 표시하고 발췌 방법은 일러두기에 상세히 밝힙니다.
고전 독자를 발췌 읽기에서 완역 읽기로, 더 나아가 원전 읽기로 안내합니다. 바쁜 현대인들에게 새로운 고전읽기 방법을 제시합니다.

원서발췌
형이상학

Metaphysics

아리스토텔레스(Aristoteles) 지음
한석환 옮김

대한민국, 서울, 지식을만드는지식, 2025

편집자 일러두기

- 이 책은 예거(W. Jaeger)가 교정한《Aristotelis Metaphysica》(Oxford University Press, 1957)를 원전으로 삼아 번역했습니다.
- 원전의 전체 14권 중 5권을 골라 발췌 번역했습니다. 아리스토텔레스의《형이상학》가운데 '형이상학이란 무엇인가'라는 물음에 '일반적인' 대답이 될 만한 부분을 발췌한 것입니다. '특수 형이상학'에 해당하는 아리스토텔레스의 '신학' 부분(《형이상학》 제12권)은 번역에 포함되지 않았습니다.
- 각 장의 제목은 영어와 독일어 번역본을 참고해 옮긴이가 달았습니다.
- 그리스어와 한국어의 구문이 다르기 때문에 행을 맞춘다는 것이 별 의미가 없어 보여 문단으로 끊어 표시했습니다. 문단의 첫머리에 나오는 수와 알파벳의 조합은 베커(I. Bekker) 표준판의 '면(面)/단(段)/행(行)'을 나타냅니다. 이를테면 '984a15'에서 '984'는 면수를, '15'는 행수를, 그리고 'a(또는 b)'는 '좌단(또는 우단)'을 뜻합니다.
- 본문 가운데 [ ]로 묶여 있는 부분은 전후 문맥의 흐름을 매끄럽게 하기 위해, 또는 오독의 여지를 조금이라도 줄여 보기 위해 옮긴이가 붙인 것입니다.
- 이 책의 주석은 모두 옮긴이가 붙인 것입니다.

- 외래어 표기는 현행 한글어문규정의 외래어표기법을 따랐습니다.
- 이 책은 2011년 3월 24일 한정판 '고전천줄' 시리즈로 처음 출간했습니다. 2018년 5월 14일 표지를 바꿔 '천줄읽기' 시리즈로 다시 출간했다가 이번에 '원서발췌' 시리즈로 옮겨 출간합니다.

차례

형이상학

제1권

제1장 앎을 얻으려는 욕구. 인식 능력의 등급

[980a21] 모든 인간은 본성적으로 앎을 얻기 위해 애쓴다. 그 증거는 우리가 감관을 통해 지각하기를 좋아한다는 것이다. 그 유용성은 차치하고서라도 감각한다는 것만으로도 좋아들 하기 때문이다. 무엇보다도 눈을 통한 감각이 제일 그렇다. 행동을 하기 위해서만이 아니라 행동을 할 생각이 없을 때조차도 보는 것을 다른 모든 감각보다 선호하기 때문이다. 그 이유는 이 감각이 사물을 가장 잘 인식할 수 있게 해 주고 또 많은 차이를 드러내 주기 때문이다.

[980a27] 동물은 태어날 때부터 감각[능력]을 갖고 태어나는데, 감각으로부터 기억력이 일부 동물에서는 생기지 않으나 일부 동물에서는 생긴다. 그렇기 때문에 후자가 기억을 할 수 없는 동물보다 한결 영리하고 학습 능력도 낫다. 영리하긴 하지만 학습[능력]이 없는 동물은 소리를 들을 수 없는 동물(예컨대, 벌이나 그 비슷한 종류의 다른 동물)이고, 학습을 할 수 있는 동물은 기억력 외에 그런

감각[1]을 아울러 갖고 있는 동물이다.

[980b25] [인간 이외의] 다른 동물은 인상과 기억으로 살고, 경험에는 극히 미미한 정도로만 관여한다. 그러나 인간이라는 종은 기술과 성찰로도 산다. 인간에게 경험이 생기는 것은 기억력 때문이다. 동일한 사물을 여러 차례 기억하게 되면 결과적으로 한 가지 경험의 능력에 도달하게 되기 때문이다. 또 경험은 학문이나 기술과 얼추 비슷해 보이지만, 인간에게 학문과 기술은 경험을 매개로 해서 생기는 것이다. 폴로스 말마따나—맞는 말이다—경험은 기술을 낳지만 무경험은 요행을 낳기[2] 때문이다. 기술은 경험을 통한 많은 관찰에서 유사한 사물에 대해 하나의 보편적인 판단이 세워질 때 생겨난다. 칼리아스가 이러이러한 병을 앓을 때 이러이러한 약제가 효과가 있었고, 소크라테스의 경우나 그 밖의 다른 많은 경우에도 그랬다고 판단하는 것은 경험[이 하는 일]이지만, 종적으로 특정된 이러이러한 체질의 모든 사람이 이러이러한 병을 앓는 데 (예컨대, 말라리아에 걸린 점액질이나 담즙질의 사람들에게) 이러이러한 약제가 효과가 있었다고 판단하는 것은

1) 청각.

2) 《고르기아스》 448c, 462b~c 참조.

기술[이 하는 일]이기 때문이다.

[981a12] 행동하는 데서라면 경험은 기술과 아무런 차이도 나지 않는 것 같고, 심지어 유경험자가 경험은 없이 개념만 갖고 있는 사람보다 훨씬 일을 잘 처리하는 것을 본다(그 이유는, 경험은 개별적인 것에 대한 앎이고 기술은 보편적인 것에 대한 앎인데, 행동하는 일이나 생겨나는 일은 모두 개별적인 것과 관련되어 있기 때문이다. 의사에게 치료의 대상이 되는 것은, 부대적인 의미에서가 아니라면, 인간이 아니라, 칼리아스나 소크라테스, 또는 어쩌다가 마침 인간이기도 한, 그런 식으로 불리는[3] 것들 중 어떤 것이기 때문이다. 그래서 어떤 사람이 경험은 없이 개념을 갖고 있고, 보편적인 것을 알고는 있지만 그 아래 포섭되는 개별적인 것에 대해서는 무지하다면, 그는 치료에 자주 실패할 것이다. 치료되어야 할 대상이 개별적인 것이기 때문이다).

[981a24] 그렇긴 해도 우리는 앎과 이해가 경험보다 기술에 더 많이 속한다고 보며, 기술자를 경험만 많은 자보다 더 지혜로운 사람으로 간주한다(여기에는, 지혜는 어느 경우에서든 앎을 바탕으로 나오는 것이라는 게 함축되어 있

3) 개별적인 것으로 불리는.

다). 기술자는 원인을 알지만 경험만 많은 자는 그렇지 못하다고 생각하기 때문이다. 왜냐하면 유경험자는 [어떤 것이] 어떠하다는 사실은 알고 있지만 그것이 왜 그런지는 알고 있지 못한 데 반해, 기술자는 왜 그런지와 원인을 알고 있기 때문이다. 그렇기 때문에 우리는 또한 각 분야에서 지휘 계통에 종사하는 기술자가 그저 손만 사용할 뿐인 기술자보다 서열이 더 위이고 더 깊이 알고 있고, 또 더 지혜롭다고 생각한다. 저들은 행해지는 일의 원인을 알고 있기 때문이다(하지만 우리는, 손만 사용할 뿐인 기술자는, 생명이 없는 일부 사물이 그러하듯이, 일을 하긴 하지만 자기가 지금 뭘 하고 있는지도 모르는 채 그러는 것이라고 생각한다. 일례로 불이 타오르듯이 말이다. 우리가 보기에 생명이 없는 사물은 저들이 하는 일을 자연의 힘으로 하고, 손만 사용할 뿐인 기술자는 익숙해져서 할 따름이다). 지휘 계통에 종사하는 기술자가 더 지혜롭다고 여겨지는 것은 저들의 일 처리 능력 때문이 아니라 저들이 개념을 갖고 있고 원인을 알고 있기 때문인 것이다.

[981b7] 일반적으로 [어떤 사람이 뭘] 알고 있는 사람인지, 알고 있지 못한 사람인지를 식별할 수 있게 해 주는 표지는 가르칠 수 있는 능력이 있느냐 하는 것인데, 그렇기 때문에 우리는 기술이 경험보다 앎인 정도가 더 높다고 생

각한다. 기술자는 가르칠 수 있는 사람이지만, 경험만 많은 자는 그럴 수가 없기 때문이다.

[981b10] 또 우리는, 감각은 그 어떤 것이든 지혜가 아니라고 생각한다. 하지만 감각은 개별 사물에 대한 결정적인 앎을 제공하는 원천이다. 그러나 어떤 것에 대해서든 감각은 [그것이] 왜 그런지를 말해 주지 않는다. 이를테면 불이 왜 뜨거운지는 말해 주지 않고, 다만 그것이 뜨겁다는 사실만 말해 줄 뿐이다.

[981b13] 그래서 처음에는 모든 사람에게 공통적인 감각을 뛰어넘는 어떤 기술이든, 기술을 발명한 사람이 일반 사람의 경탄의 대상이었는데, 그것은 그럴 만했다. 발명된 것 가운데 유용한 구석이 있어서일 뿐 아니라, 그가 지혜로운 사람, 다른 사람을 능가하는 사람이었기 때문이다. 그러나 기술이 계속해서 발명되고, 또 그중 일부는 삶에 필요한 것들에 관계하게 되고 또 다른 일부는 여가[활용]에 관계하게 되자, 후자의 발명자가 전자의 발명자보다 더 지혜로운 사람으로 여겨졌다. 저들의 앎이 유용성을 목표로 하는 것이 아니었기 때문이다. 이어서, 그런 부류의 것이 모두 구비되자 쾌감이나 삶에 필요한 것과 상관이 없는 학문이 등장하게 되었는데, 그 발상지는 사람들이 여유롭게 지낼 수 있던 곳이었다. 그래서 이집트 인근에서

수학 계통의 기술들이 처음으로 탄생했던 것이다. 그곳에서는 성직자 계급이 생활의 여유를 누릴 수 있었기 때문이다.[4)]

[981b25] 기술과 학문과 그와 같은 부류의 다른 능력에 어떤 차이가 있는가는 《윤리학》에서 논의한 바 있다.[5)] 그런데도 왜 다시 이런 논의를 하느냐 하면, 모든 사람이 '지혜'[6)]라고 불리는 것이 제일가는 원인과 원리와 관련이 있다고 생각하기 때문이다.

[981b29] 요컨대 위에서 말했다시피 유경험자는 감각만 갖고 있을 뿐인 자보다 더 지혜롭고, 기술자는 유경험자보다 더 지혜롭고, 손만 사용할 뿐인 기술자보다 더 지혜로운 자는 지휘 계통에 종사하는 기술자이고, 이론적인 학문이 제작 관련의 학문보다 [학문인] 정도가 더 높다. 그래서 '지혜'가 원리와 원인에 관한 학문임은 분명하다.

---

4) 《파이드로스》 274c, 헤로도토스 《역사》 제2권 109 참조.

5) 《니코마코스 윤리학》 제6권 제3장~제7장(1139b14~1141b8) 참조. 거기서는 기술과 학문 외에도 실천적 지혜(phronēsis), 지혜(sophia), 이성(nous)이 같은 부류의 개념으로 논의되고 있다.

6) 오늘날 우리가 말하는 '형이상학'을 의미함.

제2장 제일가는 원인에 대한 앎으로서의 지혜

[982a4] 우리가 이런 학문을 탐구하고 있으므로, 이것—'지혜'가 바로 그것이다—이 어떤 원인과 어떤 원리를 대상으로 하는 학문인지를 살펴야 할 것이다. 지혜로운 사람에 대해 우리가 품고 있는 견해를 검토하게 되면 사태가 더 분명해질 수 있을 것이다.

[982a8] 첫째로, 우리는 지혜로운 사람은 세부적인 것까지 알고 있지는 않더라도 가능한 한 모든 것을 알고 있는 사람이라고 생각한다. 다음으로 우리는 어려운 것, 인간으로서 알기가 쉽지 않은 것을 알 수 있는 사람을 지혜로운 사람이라고 생각한다(감관을 통해 지각하는 일은 모든 사람에게 공통적인 일이고, 따라서 손쉬운 일이며 조금도 지혜로운 일이 아니기 때문이다). 또 우리는 어느 학문에서든 보다 더 엄밀한 사람, 원인을 보다 더 잘 가르칠 수 있는 사람이 보다 더 지혜로운 사람이라고 생각한다. 또 우리는 학문들 가운데서 그 자체 때문에 선택되고 앎 때문에 선택되는 학문이 결과 때문에 선택되는 학문보다 '지혜'인 정도가 더 높고, 통제하는 위치에 있는 학문이 종속적인 학문보다 '지혜'인 정도가 더 높다고 생각한다. 왜냐하면 지혜로운 사람은 명령을 받아서는 안 되고 명령을 내

려야 하고, 다른 사람에게 복종해서는 안 되고 덜 지혜로운 사람이 그에게 복종해야 하기 때문이다.

[982a19] '지혜'와 지혜로운 사람에 대해 우리가 품고 있는 견해의 종류와 수는 이상과 같다. 이 가운데서 모든 것을 안다는 것은 보편적인 것을 대상으로 하는 앎을 최고 수준으로 갖고 있는 사람에게 딱 어울린다. 이런 사람은 그 아래 포섭되는 것을 어떤 의미에서 모두 알고 있는 것이고, 그런 것을 아는 것, 즉 가장 보편적인 것을 아는 것은 또한 인간으로서 최고로 어려운 일일 것이기 때문이다. 감각에서 아주 멀리 떨어져 있는 것이기 때문이다. 또 학문들 가운데서 가장 엄밀한 것은 제일가는 것과 아주 깊은 관련을 맺고 있는 학문이다. 보다 적은 수의 원리 위에서 있는 학문이 보다 많은 수의 원리를 필요로 하는 학문보다 더 엄밀하기 때문이다. 일례로 산술이 기하보다 더 엄밀하다. 또 원인을 탐구하는 학문은 가르치는 능력의 면에서 더 낫기까지 하다. 가르치는 사람이란 각 사물에 대해 그 원인을 말하는 사람이기 때문이다. 또 그 자체 때문에 선택되는 앎과 이해는 가장 잘 알 수 있는 것을 대상으로 하는 학문에 가장 잘 어울린다. 앎 때문에 앎을 선택하는 사람은 학문인 정도가 가장 높은 학문을 최대한으로 선택을 할 것이기 때문이고, 가장 잘 알 수 있는 것을 대상

으로 하는 학문이 바로 그런 학문이기 때문이다. 가장 잘 알 수 있는 것은 바로 제일가는 것과 원인이다. 이것을 매개로, 또 이것으로부터 여타의 것이 알려지는 것이지, 그 아래 포섭되는 것을 매개로 여타의 것이 알려지는 것이 아니기 때문이다. 또 학문들 가운데서 가장 높은 위치에서 통제하는 학문은, 그리고 종속적인 학문보다 높은 위치에서 통제하는 학문은, 한 가지 한 가지가 무엇 때문에 행해져야 하는지를 알고 있는 학문이다. 각 사물의 좋음, 총체적으로는 자연 전체에서의 최고로 좋음이 바로 그것이다.

[982b7] 이상에서 말한 모든 점으로 보아 문제의 명칭[7)]은 동일한 학문에 어울린다. 그것은 제일가는 원리와 원인을 탐구하는 이론적인 학문이어야 하기 때문이다. 좋음, 즉 목적 역시 원인의 일종이기 때문이다.

[982b11] 그러나 그것이 제작 관련의 학문이 아니라는 것은 처음으로 철학을 했던 사람들의 경우를 보더라도 분명히 알 수 있다. 지금이나 처음이나 경이로움을 느낌으로써 사람들은 철학을 하기 시작했기 때문이다.[8)] 처음에는 일상적인 삶 속에서 맞닥뜨리는 불가사의한 일에 경이

---

7) '지혜'.

8) 《테아이테토스》 155d 참조.

로움을 느끼다가 조금씩 앞으로 나아가 훨씬 더 큰 규모의 일, 이를테면 달의 변화나 해와 별에서 일어나는 일, 또는 우주 생성의 문제에 직면해 어떻게 설명해야 좋을지 난감했던 것이다. 어떻게 설명해야 좋을지 난감해하고 경이로움을 느끼는 사람은 자기가 무지하다고 생각한다(그렇기 때문에 어떤 의미에서는 신화 애호가도 지혜 애호가[9]인 것이다. 신화라는 것이 경이로움을 느끼게 하는 일들로 이루어진 것이기 때문이다). 그래서 – 그들이 철학을 했던 게 무지 상태를 벗어나기 위한 것이었다면 – 확실히 그들이 이해를 추구했던 것은 앎을 얻기 위해서였던 것이지 어떤 유익을 얻고자 그랬던 것이 아니다. 일의 실제 전개 과정도 그것을 확인해 준다. 삶에 필수적인 것, 삶[의 긴장]을 이완시키고 여가[활용]에 이바지하는 것이 거의 다 구비되어서야 비로소 그런 부류의 통찰이 추구되기 시작했기 때문이다. 따라서 분명히 우리는 뭔가 다른 유익을 얻으려고 그런 통찰을 추구하는 것이 아니다. 사는 것이 자기 자신을 위한 것이지 남을 위한 것이 아닌 사람을 우리가 자유인이라고 말하듯이, 우리는 이 학문 역시 학문들 가운데서 유일하게 자유로운 학문이라고 말한다. 그것만

---

9) 달리 표현하면 '애지자(愛智者)'로서 철학자를 말함.

이 자기 자신을 위한 것이기 때문이다.

[982b28] 그래서 그것을 획득해 자기 소유로 하는 일이 인간이 할 수 있는 일이 아닌 것으로 간주되는 것도 당연하다고 할 것이다. 많은 점에서 인간의 본성은 예속되어 있고, 따라서 시모니데스의 말마따나 "오직 신만이 이런 특권을 누리는데", 인간이 자신의 지위에 상응하지 않는 학문을 추구한다는 것은 인간에게 어울리지 않는 일이기 때문이다. 따라서 시인들 말에 일리가 있고, 신의 본성이 원래 질투가 많은 것이라고 하면, 그런[10] 일은 아무래도 이런 경우[11]에 특히 심할 것이고, 이런[학문을 추구하는] 데서 뛰어난 사람은 모두 불행하게 될 것이다. 그러나 신의 본성이 질투라고 할 수는 없는 일이고(속담에도 있듯이, "시인은 거짓말을 다반사로 한다"), 어떤 다른 학문을 그것보다 서열이 더 위인 것으로 간주할 필요 또한 없다. 가장 신적인 학문이 서열도 가장 높은 것이기 때문이다. 그것이 유일하게 신적인 학문일 텐데, 그것이 신적인 것은 두 가지 점에서다. 즉 신이 소유하기에 가장 마땅한 학문이 학문들 가운데서 신적인 것이고, 신적인 것을 대상으로

10) '질투하는'의 의미.

11) 인간이 분수에 넘치는 학문을 추구하는 경우를 말함.

하는 학문이면 그 역시 신적인 것이다. 그런데 이 두 가지 [조건]를 모두 충족하는 것은 오직 이 학문뿐이다. 한편으로는 신이 모든 것의 원인과 원리로 간주되기 때문이고, 다른 한편으로는 이런 부류의 앎은 오직 신만이 소유하는 것이거나 신이 소유하기에 가장 적합한 것일 터이기 때문이다. 실로 필요성의 면에서 보면 다른 모든 학문이 이것을 능가하지만, [이것보다] 더 나은 것은 없다.

[983a11] 하지만 그것을 획득해 소유하게 되면, 어떤 의미에서 우리는, 우리가 처음에 그것을 추구할 때와 정반대되는 상태로 전환되어 있어야 한다. 우리가 말했던 것처럼, 모든 사람은 사태가 전개되는 모습을 보며 경이로움을 느끼는 데서 [그 원인과 원리에 대한 앎의 추구를] 시작하기 때문이다. 이를테면 저절로 움직이는 신기한 인조물이나 태양의 전환점,[12] 또는 대각선이 [변(邊)과 동일한 단위로] 측정되지 않는 데서 그러하듯이 말이다(그 원인을 아직 파악하지 못한 모든 사람에게는 어떤 것이 가장 작은 단위로도 측정되지 않는다는 것이 경이롭게 보이기 때문이다). 그러나 탐구는 [처음과] 반대되는 상태에서, 또

12) 태양이 적도로부터 북쪽 또는 남쪽으로 가장 치우쳤을 때를 말하는 것으로, 하지와 동지가 그런 때다.

속담[13]에도 있듯이 더 나은 상태에서 종료되어야 한다. 저들 문제에서도 그렇듯이 [배우는 처지에 있는 사람이 사태를] 파악했을 때처럼 말이다. 기하학을 터득해 소유하고 있는 사람에게 대각선이 [변과 동일한 단위로] 측정될 수 있다고 하는 것보다 더 경이로운 일은 없을 것이기 때문이다.

[983a21] 이로써 무엇이 우리가 탐구하는 학문의 본질이고, 무엇이 우리의 탐구와 우리의 전(全) 논구가 도달해야 할 목표인지가 얘기되었다.

제3장 소크라테스 이전 철학자들의 네 가지 원인

[983a24] 우리가 근원적으로 작용하는 원인에 대한 앎을 획득해야 하는 것이 분명하므로(우리가 각 사물을 안다고 말하는 것은 각 사물의 제일원인을 알고 있다고 생각할 때이기 때문이다), 또 원인은 네 가지 의미로 사용되므로 ― 그중 한 원인으로 우리는 실체와 본질을 들고('왜 [그런가]'는 결국 정의(定義)에 귀착하는데, 제일의 '왜 [그런

13) "두 번째 생각이 더 낫다(deuterōn ameinonōn)."

가'가 곧 원인과 원리이기 때문이다), 다른 한 원인으로 질료와 기체(基體)[14]를, 세 번째 원인으로 운동의 발단이 되는 것을, 네 번째로 그것[15]과 정반대되는 원인, 즉 목적과 좋음(이것이 모든 생성과 운동의 목표이기 때문이다)을 든다 -, 물론 이 문제를 《자연학》에서 충분히 논의하긴 했지만,[16] 그래도 우리보다 이전에 사물의 탐구에 착수했고 진리에 관해 철학을 했던 사람들의 얘기도 참고삼아 들어 보자. 그들 역시 일정한 원리와 원인을 말하고 있음이 분명하기 때문이다. 그것을 면밀하게 검토하면 우리가 현재 수행하고 있는 연구에 도움이 될 것이다. 어떤 다른 종류의 원인을 발견하게 될 수도 있고, 그렇지 않더라도 지금 열거한 원인들에 더욱더 확신을 가지게 될 것이기 때문이다.

[983b6] 최초로 철학을 했던 사람들 중 대부분은 물질의 성질을 띠고 있는 원리만 모든 사물의 원리라고 생각했다. 그것으로 모든 사물이 이루어지고, 그것으로부터 모든 사물이 생겨나는 제일의 것이고, 그것으로 모든 사물이

14) 실체, 즉 개별적 사물을 말함.

15) 운동의 발단이 되는 것을 말함.

16) 《자연학》 제2권 제3장, 제7장.

소멸해 가는 최후의 것(실체는 그대로 있고 그 성질만 변한다), 이것을 가리켜 그들은 사물의 원소이자 원리라고 말하기 때문이다. 그래서 그들은 생성되는 일도 없고 소멸되는 일도 없다고 생각한다. 저런 식의 실재가 항상 남아 있기 때문이다. 소크라테스가 멋있게 되거나 교양 있게 될 때 단적으로 그가 '생긴다'거나, 또는 그가 그런 성질을 잃게 되었을 때 그가 '없어진다'고 하지 않듯이 ─ 기체, 즉 소크라테스 자신은 남아 있기 때문이다 ─, 그 밖의 다른 것들의 경우에서도 [생성과 소멸은] 없다는 것이다. 한 가지든 그보다 많은 수의 것이든, 그것은 그대로 있는 가운데 다른 모든 것이 그것으로부터 나오게 되는 어떤 실재가 있어야 하기 때문이라는 것이다.

[983b18] 하지만 그런 원리의 수와 종류와 관련해 모두가 같은 말을 하고 있지는 않다. 탈레스,[17] 즉 그런 식의 철학[18]의 원조는 물이 그런 것이라고 말한다(그래서 그는 대지가 물 위에 떠 있다는 주장을 펴기도 했다). 그가 그런 견해를 갖게 된 것은 아마도 모든 사물의 양분이 물기를

---

17) 밀레토스의 탈레스. BC 585년 무렵 활동.

18) 모든 사물의 단일 물질적 원리를 탐색했던 이오니아 일원론자들의 철학.

머금고 있고, 또 열 그 자체까지도 물기에서 생기고 물에 의해 생존하고 있음을 보았기 때문일 것이다(그것으로부터 모든 것이 생겨나는 원천에 해당하는 것이야말로 모든 것의 원리다). 그래서 그는 그런 견해를 갖게 되었던 것이고, 또 모든 사물의 씨가 물기를 머금고 있고 물이야말로 물기를 머금은 것들의 자연 원리이기 때문에 [그가 그런 견해를 갖게 되었던 것이다]. [중략]

[984a5] 그러나 아낙시메네스[19]와 디오게네스[20]는 공기를 물보다 더 앞서는 것으로, 또 단순한 물체들 가운데서 원리인 정도가 가장 높은 것으로 보고, 메타폰티움 출신의 히파소스[21]나 에페소스 출신의 헤라클레이토스[22]는 불을 그런 것이라고 하고, 엠페도클레스[23]는 이미 언급된 것들 외에 제4의 것으로 흙을 추가해 네 가지 원소가 그런 것이라고 주장한다(이것들은 항상 그대로 있고 생성되는 일이 없으며, 다만 하나의 것으로 결합하거나 하나의 것에서 분

19) 밀레토스학파의 일원론자. BC 545년 무렵 활동.

20) 아폴로니아의 디오게네스.

21) 피타고라스학파의 일원. 헤라클레이토스보다 약간 아래 연배인 것 같다.

22) BC 500년 무렵 활동.

23) 아크라가스 출신. BC 450년 무렵 활동.

리됨으로써 많아지거나 적어질 뿐이라는 것이다).

[984a11] 그러나 클라조메나이 출신의 아낙사고라스는, 나이로 보면 엠페도클레스보다 위지만 활동한 것으로 치면 뒤의 사람으로, 원리가 무수히 많이 있다고 주장한다. 물이나 불이 그러하듯이 거의 모든 동질적인 것들이 이런 식으로, 즉 결합하고 분리됨으로써만 생성 또는 소멸할 뿐, 그 외의 다른 식으로는 생성도 소멸도 하지 않고 영원토록 그대로 있기 때문이라는 것이다.

[984a16] 이렇게 보면 질료의 면에서 얘기되는 원인만이 유일한 것으로 생각될 수도 있겠다. 그러나 [초창기의 철학자들이] 그만큼 나아가자 이제는 사태 자체가 길을 내주었고 [더] 탐구해 나가지 않을 수 없게 했다. 아무리 모든 생성과 소멸이 하나의 것이든 그보다 많은 수의 것이든 어떤 것[24]으로부터 생기는 것이든, 왜 그런 일이 일어나고, 또 무엇이 그 원인인가[라고 묻지 않을 수 없었기 때문이다]. 기체가 변하게 하는 일을 기체 자체가 일으키지는 않기 때문이다. 내가 염두에 두고 있는 것은 이를테면 재목이나 청동이 그 각각의 변화의 원인이 아니라는 것, 재목이 침대를 만드는 것도 아니고 청동이 입상(立像)을 만

24) 질료.

드는 것도 아니라는 것, 무엇인가 다른 것이 그러한 변화의 원인이라는 것이다. 이것을 탐구하는 것은 곧 또 하나의 원인, 우리가 하는 말로 하면, 운동의 발단이 되는 것을 탐구하는 게 된다.

[984a27] 그런데 맨 먼저 이런 식의 연구에 착수해 근간을 이루는 것은 하나라고 주창한 사람들은 그 이상 더 나아가지 않았으나,[25] 한 가지 것을 [근간을 이루는 것이라고] 주장했던 사람들 중 일부[26]는, 말하자면 그런 [또 하나의 원인] 탐구에 시달린 나머지, 한 가지 것과 자연 전체가 생성과 소멸(이것은 오래된 얘기이고, 또 다들 동의하는 내용이기 때문이다)의 면에서뿐만 아니라, 그 밖의 다른 모든 변화의 면에서도 부동(不動)이라고 주장한다. 그런데 이것은 그들의 특징이다.

[984b1] 그러니까 우주는 하나라고 주장했던 사람들치고 누구 하나 그런 [또 하나의] 원인에 대한 통찰에 뜻을 둔 사람이 없었다. 파르메니데스[27] 정도가 예외이겠는데,

25) 탈레스, 아낙시메네스, 헤라클레이토스를 두고 하는 말이다. 또 이것은 'en autois'로 읽은 것인데, 그것을 'heautois'로 읽는다면 '자신들에 전적으로 만족했다'로 옮겨야 한다.

26) 엘레아학파 사람들.

27) 엘레아학파의 창시자. BC 475년 무렵 활동.

그것은 그가 단지 하나만 상정한 게 아니라 어떻게 보면 두 가지 원인을 상정했다고 할 수 있는 한에서 그런 것이다. 차라리 하나보다 더 많은 수의 원인이 있다고 하는 사람들[28]이 [그 하나 이외의 다른 원인을] 말할 가능성이 더 많다. 이를테면, 뜨거운 것과 차가운 것, 또는 불과 흙을 [원인으로] 간주하는 사람들이 그런 사람이겠는데, 그들은 불을 운동을 일으키는 성질을 갖고 있는 것으로 다루고, 물이나 흙, 또는 그 밖의 다른 것은 그 반대의 성질을 갖는 것으로 다루기 때문이다.

[984b8] 이런 사람들이 나타난 이후에, 또 이런 원리들이 나타난 이후에, 이것만으로는 사물들의 자연이 생기게 하기에는 불충분하다고 해서, 다시 사람들은 앞에서 우리가 말했던 바와 같이[29] 진리 자체에 의해 내몰려서 그다음 원리를 탐구하지 않을 수 없었다. 사물들이 좋은 상태를 유지하고 있고 적당한 상태를 유지하고 있는 것, 또 그것들이 그렇게 되는 것의 원인이 설마 불이나 흙, 또는 그 밖의 다른 것들[30]일 리가 없고, 또 저들이 그렇게 생각했을 것

28) 아마도 엠페도클레스를 가리키는 말일 것이다.

29) 984a18.

30) 원소들.

같지도 않기 때문이다. 그렇다고 해서 그렇게 중대한 문제[31]를 또다시 저절로 이루어지는 것이라고 해 버리거나 요행의 소치로 돌려 버리는 것도 적절한 처사는 아닐 것이다. 그래서 어떤 사람[32]이, '이성'이 동물에서 그러하듯이 자연에서도 마찬가지로 [세계의] 설비와 모든 질서의 원인이라고 말하자, 그는 정신이 말짱한 사람같이 보였고, 되는 대로 아무렇게나 떠들어 대던 이전 사람들과 비교되었다.[33] 우리가 알기로, 아낙사고라스는 아주 분명하게 그런 견해를 품고 있었다. 그러나 그 이전에 클라조메나이 출신의 헤르모티모스[34]가 같은 얘기를 했다는 소문도 있다.

[984b20] 그런데 그런 견해[35]를 표방했던 사람들은 사물의 아름다움의 원인을 사물의 원리로 간주했고, 동시에 [그것을] 사물의 운동의 발단이 되는 것이라는 의미의 원인으로 간주했다.

---

31) 사물들이 좋은 상태를 유지하고 있고 적당한 상태를 유지하고 있는 것.

32) 아낙사고라스.

33) 《파이돈》 97b~98b 참조.

34) 피타고라스의 전신(前身)으로 여겨졌던 거의 신화적인 인물.

35) 이성이 세계의 설비와 질서의 원인이라는 견해.

제4장 소크라테스 이전 철학자들의 네 가지 원인(속편)

[984b23] 헤시오도스가 처음으로 그런 종류[의 원인]를 탐구했던 게 아닌가 싶은데, 그 말고도 누군가가 '에로스'나 '욕구'를 사물의 원리로 세웠다면[그 역시 그런 종류의 원인을 탐구했지 싶다], 이를테면 파르메니데스가 그런 예겠다. 그 또한 우주의 생성을 논하는 자리에서 이런 말을 하고 있기 때문이다.[36]

> 그녀[37]는 모든 신들 가운데서 제일 먼저 '에로스'를
> 생각해 냈다.

그리고 헤시오도스는 이렇게 말한다.[38]

> 모든 것 중 맨 먼저 '혼돈'이 생겨났고,

---

36) H. Diels, 《Die Fragmente der Vorsokratiker. Griechisch und Deutsch》, Berlin 1903. 5. Aufl. mit Nachträgen hrsg. von W. Kranz, Berlin 1934, 6. verb. Aufl. 1951/52, 28B13.

37) 심플리키오스와 플루타르코스에 따르면, 아프로디테일 것이다.

38) 《신통기》 제5권 116~120.

그다음에는 가슴통이 넓은
'대지'가… 그리고 '에로스'가,
모든 불사의 신들 가운데서도 가장 뛰어난 이 말이
다.

사물 안에 사물을 움직이고 결합시키는 어떤 원인이 내재해 있어야 함을 함축하고 있는 말이다. 이들 중 누구에게 더 큰 비중을 두어야 할 것인지는 나중에 결정하도록 하자.[39]

[984b32] 그러나 자연 속에는 좋음[善]에 반대되는 것도 있어 보이고, 질서와 아름다움뿐만 아니라 무질서와 흉함도 있어 보이고, 또 좋은 것보다 나쁜 것이 더 많고 고상한 것보다 천한 것이 더 많아 보여, 어떤 사람은 친애와 다툼을 각각 그러한 [현상의] 원인으로 끌어들였다. 엠페도클레스를 따를 것 같으면, 그러니까 그가 떠듬떠듬 하는 말이 아니라 그의 사상의 진의에 입각해 그를 이해할 것 같으면, 친애는 좋음의 원인이고 다툼은 나쁨[惡]의 원인임을 발견하게 되기 때문이다. 따라서 만약 누군가가 엠페도클레스는 어떤 의미에서 나쁨과 좋음을 원리라고 했

39) 이 약속은 지켜지지 않는다.

으며 또 그가 그렇게 말한 최초의 사람이라고 말하더라도, 그 말을 꼭 부당하다고만은 할 수 없을 것이다. 모든 좋은 것의 원인이 좋음 자체[이고 모든 나쁜 것의 원인이 나쁨 자체]인 한에서 말이다.

[985a11] 여기까지 놓고 보면, 그들은, 우리가 말했다시피, 우리가 《자연학》[40]에서 구별했던 원인들 중 두 가지인 질료[인]와 운동의 출발점을 논급하는 것같이 보인다. 하지만 [그들의 논급은] 애매하고 조금도 명확하지가 않았고, 마치 전투에 미숙한 사람이 전장에서 행동하는 것과도 같았다. 그들도 전투가 벌어지면 가끔 멋진 일격을 가할 때도 있지만, 뭘 제대로 알고서 그러는 게 아니기 때문이다. 저들도 마찬가지다. 자신들이 무슨 말을 하고 있는지 알고 있는 것 같지가 않기 때문이다. 분명히 그들은 저러한 것들[41]을 거의 사용하지 않거나 사용한다고 해 봐야 극히 제한된 범위에서만 사용할 뿐이기 때문이다. 그러니까 아낙사고라스의 경우, 세계 발생의 문제에서 '이성'을 '해결사'로 사용하지만, 다시 말해서 세계 발생이 어떤 이유에서 필연적으로 그래야만 하는지 까닭을 몰라 궁

40) 《자연학》 제2권 제3장, 제7장.

41) 원인들.

지에 몰리면 '이성'을 끌어다 대지만, 그 밖의 다른 경우에서는 생성하는 사물의 원인을 '이성'이 아닌 다른 것에 돌리기 때문이다.[42] 엠페도클레스의 경우는 그보다 더 넓은 범위에서 원인들을 사용하지만, 그렇다고 흡족할 만한 정도는 아니고 일관되게 그런 것도 아니다. 왜냐하면 그의 경우 여러 대목에서 친애가 분리시키는 일을 하고 다툼이 결합시키는 일을 하기 때문이다. 우주가 다툼으로 인해 원소들로 해체되면 불은 [불끼리] 결합해 하나가 되고, 그 밖의 각 원소도 [각기 같은 종류의 원소끼리] 하나로 결합하지만, 친애로 인해 원소들이 다시 하나로 결합하면 그 부분들 역시 다시금 그 각각[의 원소]으로부터 분리될 수밖에 없기 때문이다.

[985a29] 그래서 엠페도클레스는 이전 사람들과 달리 처음으로 이 원인을 [두 가지로] 구별해서 도입함으로써, 운동의 발단[을 이루는 이 원인]을 하나로만 단정하지 않고 서로 다르고 대립하는 [두 가지] 발단으로 간주했다. 또 그는 최초로 질료의 면에서 [원리로] 얘기되는 원소가 네 가지라고 주장했다(하지만 그는 그것들을 네 가지로 사용하지 않고, 마치 그것들이 두 가지뿐인 것처럼 사용했다.

---

42) 《파이돈》 98b~c, 《법률》 967b~d 참조.

불은 불 그 자체로 두고 그것에 대립적인 것들－흙, 공기, 물－은 하나의 실재인 것처럼 다룸으로써 말이다. 이것은 그의 시편을 [보다 면밀하게] 살피면 알 수 있다).

[985b3] 엠페도클레스는, 우리가 말한 바와 같이, 원리는 이와 같고 이것뿐이라고 말했다. 그러나 레우키포스[43]와 그의 동료 데모크리토스[44]는 '충만'과 '공허'가 원소라고 말한다. 충만은 '존재하는 것'이라고 부르고 공허는 '존재하지 않는 것'이라고 부르면서 말이다. 그러니까 충만과 밀집은 '존재하는 것'이고 공허와 희박은 '존재하지 않는 것'이라는 것이다(그래서 그들은 '존재하는 것'이라고 해서 '존재하지 않는 것'보다 실재성의 정도가 더 크지는 않다고 말하기도 한다. '공허'라고 해서 '물체'보다 실재성의 정도가 떨어지는 것이 아니기 때문이라는 것이다). 바로 이것들이 사물의 질료로서의 원인이라는 것이다. 또 하나의 것을 근간을 이루는 실체라고 하는 사람들이 그 밖의 다른 모든 사물의 생성은 그 실체의 성질들을 매개로 이루어진다고 하고, 희박과 농후를 그 성질들의 원리로 삼듯이, 마찬가지로 저들[45] 역시 [원자들 상호 간의] 차이가 다른 모든

43) 밀레토스 출신. BC 440년 무렵 활동.

44) 압데라 출신. BC 420년 무렵 활동.

성질의 원인이라고 말한다. 그러한 차이로는 형태와 배열과 위치의 세 가지가 있다고 그들은 말한다. 그들은 존재자가 모양과 나열 상태와 방향에서만 차이가 난다고 말하기 때문이다. 여기서 모양이란 형태를 말하는 것이고, 나열 상태는 배열을, 방향은 위치를 말하는 것이다. 그러니까 A와 N은 형태에서 다르고, AN과 NA는 배열에서, Z와 N은 위치에서 다른 것이겠다. 그러나 운동의 문제, 운동은 무엇으로부터 시작하는 것이고 또 어떻게 사물에 일어나게 되는 것인가의 문제에 대해서는 그들 역시 다른 사람들과 별반 다르지 않게 별생각 없이 간과해 버렸다.

[985b20] 두 가지 원인[46]에 관해서는, 우리가 말한 것처럼, 이전 사람들 사이에서 이쯤 탐구된 것 같다.

제5장 소크라테스 이전 철학자들의 네 가지 원인 (피타고라스학파와 엘레아학파 사람들)

[985b23] 이들이 활동하던 무렵에, 심지어 그 이전에

45) 레우키포스와 데모크리토스.

46) 질료인과 운동인.

이미 이른바[47] 피타고라스학파 사람들이 처음으로 수학에 종사했고 또 그것을 발전시켰다. 또 그들은 그 속에서 자란 사람들이기 때문에 그것의 원리가 곧 모든 사물의 원리라고 생각했다. 수학의 대상이 되는 것들 가운데서 제일의 자리를 차지하는 것은 원래 수이고, 또 그들은 수에, 불이나 흙이나 물보다 훨씬 더 많이, 존재나 생성과 유사한 점이 있다는 사실을 알 수 있다고 생각했기 때문에(수의 이러이러한 성질은 정의이고, 또 이러이러한 성질은 영혼이자 이성이고, 또 이러이러한 성질은 호기이고,[48] 그 밖의 다른 것들도 모두 [정도의 차이는 있지만] 이와 같이 수로 표현될 수 있기 때문이라는 것이다), 또 그들은 화성(和聲)의 성질과 비율도 수에 포함되어 있다고 보았기 때문에,[49] 그리하여 다른 모든 것은 그 각각의 자연적 본성에서 수를 본떠 만들어진 것으로 보이고, 수는 [그들이 보기에] 전체 자연 가운데서 제일의 자리를 차지하는 것이었

47) 아리스토텔레스는 피타고라스를 전설적인 인물로 간주했던 것 같다.

48) 정의(원래는 정사각형)=4(제일 먼저 나오는 정사각형 수), 이성=1, 호기(好機, 무르익은 때)=7.

49) 피타고라스는 옥타브 화음(2:1), 5도 화음(3:2), 4도 화음(4:3)의 비율을 발견했다고 전해진다.

기 때문에, 그들은 수의 원소가 곧 모든 사물의 원소이고 우주 전체는 화성[50]이자 수라고 생각했다. 또 그들은 수나 화성의 영역에서 우주의 현상이나 부분과 일치하거나 우주의 전체 질서와 일치한다고 할 수 있는 것이면 죄다 모아서 서로 끼워 맞췄다. 그러다가 어디서든 빈틈이 좀 있어 보인다 싶으면 서둘러 메움으로써 자신들의 전 체계의 아귀가 맞게 했다. 내가 염두에 두고 있는 것은 이런 것이다. 즉 그들은 10이라는 수가 완전한 수이고 모든 수의 본성을 포함한다고 생각했기 때문에, 그들은 하늘에서 운행하는 천체의 수 역시 10이라고 주장했다. 그러나 눈에 보이는 것은 아홉 개[51]뿐이므로, 그들은 열 번째 것으로 '짝퉁 지구'[52]를 지어낸다. 이에 관해서는 다른 자리에서[53] 자세하게 논한 바 있다.

[986a13] 그럼에도 불구하고 우리가 지금 (다시) 논하는 것은, 그들은 무엇을 원리로 삼고 있으며, 또 그것은 우리가 언급한 원인들 중 어디에 포함시킬 수 있는지를 알고

---

50) 비율.

51) 지구, 태양, 달, 다섯 개의 행성, 항성들의 천구(天球).

52) 지구 건너편에서 '중앙의 불' 주위를 회전하는 행성.

53) 지금은 남아 있지 않은 《피타고라스학파 사람들에 관해》에서. 《천체론》 제2장 13절 참조.

싶기 때문이다. 분명한 것은 그들 역시 수를 원리로, 사물의 질료로서의 원리뿐만 아니라 성질이나 상태를 형성하는 원리[54]로 생각하고 있다는 것이다. 그들에 따르면, 수의 원소는 '짝'과 '홀'인데, 그중 하나[55]는 한정된 것이고 다른 하나[56]는 무한한 것이다. 또 1은 이들 양자로 이루어진 것이고(1은 짝수이자 동시에 홀수이기 때문이다[57]), [그 밖의 다른] 수들은 이 1에서 파생된 것이고, 우주 전체는, 우리가 말했던 것처럼, 수다.

[986a22] 같은 학파의 다른 사람들[58]은 원리가 열 가지 있다면서 그것을 짝지어 나열하고 있다. '한계'와 '무한', '홀[奇]'과 '짝[偶]', '하나[一]'와 '여럿[多]', '우[右]'와 '좌[左]', '수[雄]'와 '암[雌]', '고요[靜]'와 '운동[動]', '곧음[直]'과 '굽음

54) 형상적 원리.

55) '짝'.

56) '홀'.

57) 하나를 더하면 홀수는 짝수가 되고 짝수는 홀수가 되기 때문이라는 해석(Alexander Aphrodisiensis)도 있고, 하나가 홀수와 짝수의 원리로 간주되었기 때문이라는 해석(Th. L. Heath)도 있다.

58) 첼러(E. Zeller)는 그의 철학사(《Die Philosophie der Griechen in ihrer geschichtlichen Entwicklung》, II 2, Leipzig 1879)에서 필롤라오스(Philolaos)를 문제의 인물로 지목한다.

[曲]', '밝음[明]'과 '어둠[暗]', '좋음[善]'과 '나쁨[惡]', '정사각형'과 '직사각형'이 그것들이다. 그와 같은 생각을 크로토네 출신의 알크마이온도 품었던 듯싶은데, 그가 저들한테서 그런 생각을 넘겨받았거나 저들이 그로부터 넘겨받았거나 둘 중 하나다. 알크마이온(은 노년의 피타고라스와 동시대 사람이었으며)[59] 역시 저들과 비슷한 얘기를 하기 때문이다.[60] 즉 인간 세계 내의 대부분의 것이 쌍을 이루고 있다고 말하기 때문이다. 그러나 그가 말하는 대립이란 피타고라스학파 사람들처럼 엄밀하게 규정된 것이 아니라, 희고 검고, 달고 쓰고, 좋고 나쁘고, 크고 작고와 같이 아무렇게나 눈에 띄는 대로 주워 모은 것이다. 이렇듯 그는 나머지 대립에 대해 딱히 규정하지 않은 채 불쑥불쑥 떠오르는 생각을 툭툭 내던졌을 뿐이지만, 피타고라스학파 사람들은 그 대립이 몇 가지나 되며 또 그 내용은 무엇인가까지 말했다.

[986b2] 그래서 양측으로부터 얻어 낼 수 있는 것은 대립하는 쌍들이 사물의 원리라는 것 정도다. 그것이 몇 가지나 되며 또 그 내용이 무엇인가는 [둘 중] 한쪽에서만 얻

59) 이것은 사실일 테지만, 후에 덧붙여진 말 같다.

60) 일반적으로 알크마이온은 피타고라스학파 사람으로 분류된다.

어들을 수 있다. 그러나 이들 원리가 우리가 언급한 원인들 중 어디에 포함될 수 있는가는 그들에 의해 명확하게 언급되지 않았다. 그러나 그들은 원소를 질료 축에 드는 것으로 분류하는 것같이 보인다. 왜냐하면 원소들이 [실체의] 내재하는 구성소로서 실체를 이루고 형성하는 것이라고 그들이 말하기 때문이다.

[986b8] 이로써 자연의 원소가 여럿이라고 주장했던 옛사람들의 생각을 충분히 살폈다고 하겠다. 그러나 우주에 대해 그것은 하나의 실재라는 식으로 말한 사람들도 있다. 하지만 그들 모두가 [견해의] 정연한 정도나 자연의 사실과 부합하는 정도에서 똑같지는 않다. 원인을 탐구하는 현재의 우리가 그들에 대해 이러니저러니 토를 다는 것은 적절하지 않다. 그들이 일부 자연철학자들처럼 '존재'를 하나라고 상정하긴 하지만, 자연철학자들은 이 하나의 것을 질료로 간주하고 이런 질료로부터 모든 사물이 생성된다고 하지만, 그들이 하는 말은 자연철학자들과 다르기 때문이다. 즉 자연철학자들은 [하나의 것에] 운동을 추가해 우주를 생기게 하지만, 그들[61]은 우주가 부동(不動)이라고 주장하기 때문이다. 그러나 다음과 같은 점은 현재 진

61) 엘레아학파 사람들.

행되고 있는 우리의 탐구에 속하는 것이다. 그러니까 파르메니데스는 '하나의 것'을 개념적으로 이해했던 것 같고,[62] 멜리소스[63]는 질료의 의미로 이해했던 것 같다(그래서 파르메니데스는 그것이 한정되어 있다고 말하고, 멜리소스는 무한하다고 말한다). 그러나 크세노파네스[64]는 저들 중 처음으로 모든 것이 '하나'라고 했던 사람인데(파르메니데스는 그의 제자였다고 하기 때문이다), 그의 말은 조금도 명확하지가 않았고, 이들 원인 중 그 어느 것의 본질도 언급하지 않은 듯하며, 다만 우주 전체를 돌아보면서 '하나'는 신이라고만 말했을 뿐이다. 그래서 이들은, 우리가 말한 바와 같이, 현재 진행되고 있는 탐구에서 제외되어야 한다. 그들 중 두 사람은 어떻든 그리되어야 한다. 좀 엉성하기 때문이다. 크세노파네스와 멜리소스 말이다. 그러나 파르메니데스는 한층 깊은 통찰을 가지고 말하는 듯하다. 그는 '존재' 외에 '비존재'라는 것은 존재하지 않는

---

62) 파르메니데스의 논변은 "존재가 하나의 의미를 갖는 것이라면, 존재하는 모든 것은 하나"라는 것이었다(《자연학》 187a1). 그러나 멜리소스와 다름없이 실재의 질료적 단일성을 믿었던 듯싶다.

63) 사모스섬 출신. 파르메니데스의 제자다.

64) 콜로폰 출신. BC 565년경 출생. 당시 널리 퍼져 있던 대부분의 견해－특히 의인화된 신관－를 비판하고 조롱했다.

다는 것을 근본원리로 삼고서, '존재'는 하나이고 그밖에는 아무것도 없다(이에 관해서는 《자연학》[65]에서 한층 명확하게 말한 바 있다)는 데에 필연적으로 도달하기 때문이다. 그러나 그도 현상을 따르지 않을 수 없기에, 개념적으로는 '존재'가 하나지만 감각적으로는 여럿이라고 함으로써, 다시금 두 가지 원인과 두 가지 원리, 즉 '뜨거움'과 '차가움'을, 그의 말대로 하면 '불'과 '흙'을 세웠다. 그는 그 중 '뜨거움'은 '존재' 쪽에 배치하고 다른 하나는 '비존재' 쪽에 배치했다.

[987a2] 그러면 여태까지 말해 온 것에서, 그리고 이 문제를 붙들고 씨름해 온 지혜로운 사람들로부터 우리는 다음과 같은 점을 넘겨받는다. 그러니까 최초의 철학자들로부터는 유형적 원리(물이나 불이나 그 비슷한 것들이 물체이기 때문이다)를 넘겨받는다. 또 그들 중 일부로부터는 하나의 유형적 원리를 넘겨받고 다른 일부로부터는 여러 유형적 원리를 넘겨받는다. 그러나 양쪽 모두 원리를 질료 축에 드는 것으로 간주한다. 일부 [다른] 최초의 철학자들로부터는 이런 원인에 덧붙여 운동의 발단이 되는 것을 넘겨받는데, 그것도 일부는 하나라고 하고 또 다른 일

65) 《자연학》 제1권 제3장.

부는 둘이라고 한다.

[987a9] 그러니까 이탈리아 철학자들[66]에 이르기까지 이들을 제외한 다른 사람들은, 우리가 말한 바와 같이, 고작 두 가지 원인 — 그중 한 원인, 즉 운동의 발단이 되는 것이라는 의미의 원인을 일부 사람들은 하나라고 하고 다른 일부 사람들은 둘이라고 한다 — 만 사용한다는 것을 빼면 이 문제[67]에 대해 다소 모호하게 말했다. 그러나 피타고라스학파 사람들 역시 두 가지 원리에 대해서는 같은 식으로 말했지만, 다음과 같은 점을 덧붙인 것은 그들 특유의 것이다. 즉 그들은 한정되었다거나 무한하다는 것을 어떤 다른 실재, 이를테면 불이나 흙이나 그 비슷한 어떤 것으로 간주하지 않고, 무한 자체나 하나 자체가 그것들의 서술의 주체가 되는 것의 실체라고 보았다. 바로 그렇기 때문에 수가 모든 사물의 실체라고 할 수도 있었던 것이다. 이런 문제[68]에 대해 그들은 이상과 같은 견해를 피력했는데, '무엇임'의 문제에 대해서도 그들은 논급을 하고 정의를 내리기 시작했다. 그러나 그들은 문제를 너무 간단하

66) 피타고라스학파 사람들. 피타고라스가 이탈리아 남부의 크로토네에서 그의 학파를 창시했기 때문에 그렇게 불렸다.

67) 원리들.

68) 원인.

게 처리했다. 그들은 정의를 피상적인 방법으로 했고, 또 어떤 사물에 대한 정의에서 그 정의가 적용되는 것 중 맨 처음에 나오는 것을 그 사물의 실체로 간주했기 때문이다. 이를테면 어떤 사람이 2가 [어떤 수의] 두 배가 되는 것들 중 맨 처음에 나오는 수이기 때문에 '두 배'와 '2'는 같은 것이라고 생각하듯이 말이다. 그러나 두 배라는 것과 2라는 것은 같다고 할 수 없을 것이다. 그렇지 않다면 하나인 것이 여럿인 것이 될 텐데,[69] 저들에게서는 실로 그런 결과가 나오기도 했다.[70] 이상이 최초의 사람들과 그 밖의 다른 사람들로부터 넘겨받을 수 있는 점들이다.

제6장 플라톤의 이데아론과 원리론

[987a29] 위에서 언급한 철학들 다음에는 플라톤의 가르침이 이어지는데, 그것은 많은 점에서 저들과 일치하지만 이탈리아 사람들의 철학과는 구별되는 독특한 점도 가

69) 다시 말해서 2는 그것들의 정의가 자신에게 적용되는 여러 가지 것들 각각이 될 것이다.

70) 한 예로 2는 의견과도 동일시되지만 대담함과도 동일시된다.

지고 있다. 젊어서 크라틸로스를 접하고, 헤라클레이토스의, 감각적인 것은 모두 끊임없이 흐름 가운데 있으며[71] 그것에 대해서는 앎이 성립하지 않는다는 견해를 접했기 때문인데, 훗날까지도 그는 이런 입장을 견지했다. 다른 한편 소크라테스가 윤리적인 물음을 다루고 자연 전반에 관해서는 거들떠보지도 않은 채 윤리적인 것 가운데서 보편적인 것을 구하는가 하면 또 처음으로 사고를 정의(定義)에 집중시키자, 플라톤은 그를 좇아 정의는 감각적인 것이 아니라 다른 부류의 것을 대상으로 삼는 작업이라고 주장했다. 감각적인 사물이면 그 어떤 것이든 보편적인 정의가 있을 수 없기 때문이라는 것이다. 감각적인 사물은 끊임없이 변화하기 때문이다. 이 다른 부류의 실재를 그는 이데아라 부르는데, 그것과 별도로[72] 감각적인 사물[이 존재하며] 모두는 그것과 맺고 있는 관계 덕에 이름을 갖게 된다고 한다. 이데아와 같은 이름을 갖는 많은 [감각

71) 《크라틸로스》 402a.

72) "para tauta"(987b8)를 이런 식으로 읽는 대표적인 예는 최근에 나온 슬레자크(Th. A. Szlezák)의 독일어 번역(《Aristoteles. Metaphysik》, Berlin 2003)이다. 이에 반해 로스(W. D. Ross)는 "그것을 좇아서"의 의미로 읽는다. 이러한 해석에 대해서는 그의 주석(《Aristotle's Metaphysics》, Oxford 1924) 참조.

적인] 사물이 그렇게 존재하는 것은 [그것들이] 이데아에 참여하기 때문이라는 것이다. 그러나 그는 '참여'라고 표현을 바꾸기만 했을 뿐이다. 피타고라스학파 사람들이 사물은 수를 모방함으로써 존재한다고 말하는 데 반해, 플라톤은 참여함으로써 존재한다고 말하기 때문이다. 표현을 바꾸었던 것이다. 그러나 그들은 [이데아에] 참여한다느니 모방한다느니 하는 것이 대체 무엇인가 하는 문제에 대해서는 다른 사람들더러 탐구하라고 미뤄 뒀다.

[987b14] 또 그[73]는 감각적인 사물과 이데아 외에 그 중간에 수학의 대상이 되는 것들[74]이 있다고 주장하는데, 그 영원함과 부동성에서 감각적인 사물과 구별되고, 수학의 대상이 되는 것들에는 동종(同種)의 것이 많이 있지만 이데아는 어느 것이나 각기 그 자체로 하나뿐이라는 데서 이데아와 구별된다고 한다.

[987b18] 또 그는 이데아가 다른 모든 것의 원인이기 때문에 이데아의 원소가 곧 모든 사물의 원소라고 생각했다. 또 질료의 의미에서는 '큼[大]'과 '작음[小]'이 원리이고, 실체의 의미에서는 '하나'가 원리라고 한다. '큼'과 '작음'

---

73) 플라톤.

74) 수와 도형을 말함.

으로부터, '하나'에 참여함으로써 생겨나는 것이 [이데아] 수(數)들이기 때문이다.

[987b22] 그러나 '하나'라는 것이 실체이지, 다른 어떤 것[의 술어]이기에 [이차적인 의미에서] 하나라고 얘기되는 것이 아니라고 주장하는 데서 그는 피타고라스학파 사람들과 일치한다. 수가 다른 모든 사물의 실체성[75]의 원인이라고 주장하는 데서도 마찬가지다. 그러나 [피타고라스학파 사람들이] '무한'을 하나라고 한 데 반해 둘이라고 하고 또 '무한'이 '큼'과 '작음'으로 이루어진다고 하는 것은 그에게만 고유한 것이다. 또 그는 수가 감각적 사물과 떨어져 있다고 상정한다. 하지만 저들은 사물 자체가 곧 수라고 주장하며, 수학의 대상이 되는 것들을 그것들[76] 사이에 배치하지도 않는다.

[987b29] 그가 '하나'와 수가 사물과 떨어져 있다고 상정하는 것, 피타고라스학파 사람들과 편차를 보이는 것, 이데아를 도입하는 것은 그의 개념적 천착의 결과다(그 이전 사람들은 변증법을 미처 몰랐기 때문이다). 그리고 그가 둘을 ['하나' 이외의] 다른 한 실재로 상정하는 것은,

---

75) 존재.

76) 이데아와 감각적 사물.

제일의 수들[77] 이외의 모든 수가 그 둘로부터 손쉽게 생겨날 수 있기 때문이다. 형체 있는 것으로 될 수 있는 물질[78]로부터 [형체 있는 것이] 생겨나듯이 말이다.

[988a1] 그러나 실로 이뤄지는 것을 보면 그 반대다. [그 이론에] 이치가 닿지 않는 면이 있는 것이다. 저들[79]은 [동일한] 질료를 가지고서 많은 것을 만들어 내지만, 이데아는 오직 한 번만 낳는 일을 하기 때문이다.[80] 하지만 보자. 하나의 질료에서 만들어져 나오는 것은 하나의 탁자지만, [질료에] 형상을 부여하는 자는 하나일지라도 많은 수의 탁자를 만들어 낸다. 수컷과 암컷의 관계도 마찬가지다. 암컷은 한 번의 교접을 통해 수태하지만 수컷은 많은 암컷을 수태시키기 때문이다. 이것들은 저들 원리[81]를 빼다 박은 것들이다.

[988a7] 우리가 탐구하고 있는 물음에 관해서 플라톤

---

77) 홀수들(?). 난해한 부분이다.

78) 'ekmageion'의 유사한 용법에 대해서는《티마이오스》50c 참조.

79) 플라톤주의자들.

80) 아리스토텔레스의 반론은, 형상적 원리가 질료적 원리에 단 한 번 작용해 한 가지 이상의 결과가 나온다는 것, 바꿔 말해서 질료적 원리가 그 자체로 복제 가능하다는 것은 납득하기 어렵다는 것이다.

81) '하나'와 둘.

은 이상과 같이 구별했다. 얘기된 바로부터 분명한 것은 그가 두 가지 원인만 적용한 것이겠는데,[82] '무엇임'이라는 의미의 원인과 질료라는 의미의 원인이 그것이다(다른 모든 것에 대해서는 이데아가 저들의 '무엇임'의 원인이지만, 이데아 자체에 대해서는 '하나'가 그 ['무엇임'의] 원인이기 때문이다). 또 감각적 사물의 경우에서는 이데아들이 그것에 대해 서술되고 이데아들의 경우에서는 '하나'가 그것에 대해 서술되는, 기저에 가로놓여 있는 질료가 무엇인가 하는 것도 분명하다. 둘, 즉 '큼'과 '작음'이 바로 그것인 것이다. 또 그는 이들 [두] 원소에 좋음의 원인성과 나쁨의 원인성을, 그러니까 각 원소에 [작용의] 원인성을 하나씩 귀속시켰는데, 이것은 우리가 언급했다시피[83] 이전 철학자들 가운데 일부, 예컨대 엠페도클레스와 아낙사고라스가 시도했던 내용이기도 하다.

---

82) 플라톤이 여러 차례 운동인(예컨대 데미우르고스 : 《소피스트》 265b~d, 《티마이오스》 28c 이하)과 목적인(예컨대 《필레보스》 20d, 53e, 《티마이오스》 29d 이하)을 언급하나, 아리스토텔레스는 그러한 언급을 흘려들은 것 같다.

83) 984b15~19, 984b32~985a10 참조.

제7장 이전 철학자들의 4원인론(요약)

[988a18] 우리는 원리와 진리에 관해 누가 무슨 말을 했는지 간결하게 요점만 꼽아 가며 살폈다. 하지만 그로부터 우리는, 원리와 원인에 관해 언급하는 사람들치고 우리가 《자연학》[84]에서 구별했던 것 이외의 다른 원인을 말하는 사람은 없고, 분명 모두가 다 불확실하게나마 저들 원리 언저리를 맴돌고 있다는 점을 알게 되었다.

[988a23] 일부 사람들이 질료를 원리로 언급하기 때문이다. 그들이 그것을 하나라고 하든지 여럿이라고 하든지, 물체라고 하든지 비유형적인 것이라고 하든지 간에 말이다(이를테면 플라톤이 '큼'과 '작음'을 말하고, 이탈리아학파 사람들이 '무한'을, 엠페도클레스가 '불'과 '흙'과 '물'과 '공기'를, 아낙사고라스가 무수히 많은 동질적인 것을 말하듯이 말이다. 이들은 모두 이런 부류의 원인을 논급한 것이며, 공기나 불이나 물을 [원리로] 상정하거나, 불보다는 농후하고 공기보다는 희박한 어떤 것[85]—제일원소

---

84) 《자연학》 제2권 제3장, 제7장.

85) 질료인에 대한 이런 식의 언급은 일반적으로 아낙시만드로스의 '무한정자(apeiron)'를 가리키는 것으로 간주되었으나, 밀레토스학파 소속의 후대 인물이나 별로 중요하지 않은 인물의 견해일 수도 있다는

를 이런 식으로 규정하는 사람도 있기 때문이다—을 [원리로] 상정하는 모든 사람의 경우도 마찬가지다).

[988a32] 저들은 그러니까 그런 원인만 논급했다. 그러나 다른 사람들은 운동의 발단이 되는 것까지 논급했다. 이를테면 '친애'와 '다툼'이나 '이성' 또는 '에로스'를 원리로 상정하는 사람들이 그렇다.

[988a34] 본질, 즉 실체성을 명확하게 제시한 사람은 아무도 없고, 이데아를 상정하는 사람들이 그나마 근사하게 언급한 경우다(그들은 이데아를 감각적 사물의 질료라거나 '하나'를 이데아의 질료라고 상정하지도 않고, 운동의 발단이 그로부터[86] 출발한다고 상정하지도 않기 때문이다—그들은 오히려 [이데아와 '하나'를] 부동성과 고요의 원인으로 간주하기 때문이다. 개별 사물에 본질을 부여하는 것은 이데아이고 이데아에 본질을 부여하는 것은 '하나'다).

[988b6] 행동과 변화와 운동의 목적이 되는 것을 그들이 어떻든 원인으로 꼽고는 있다. 하지만 그런 의미로 그런 것이 아니다. 즉 명실상부하게 그런 것이 아니다. '이

해석도 있다. 이에 대해서는 로스(W. D. Ross)의 주석 참조.

86) "이데아와 '하나'로부터"의 의미.

성'이나 '친애'를 말하는 사람들이 이들 원인을 좋은 어떤 것으로 상정하긴 하지만, 바로 그것 때문에 어떤 것이 존재한다거나 생성된다는 의미가 아니라, 그것으로부터 운동이 출발한다는 의미에서 그런 것이기 때문이다. '하나'와 '존재'를 그런 부류의[87] 실재로 간주하는 사람들 역시 마찬가지로 그것이 실체성의 원인이라고 말은 하지만, 바로 그것 때문에 어떤 것이 존재한다거나 생성된다는 의미로 그렇게 말하지는 않는다. 결과적으로 그들은 어떻게 보면 '좋음'을 원인이라고 하기도 했다가 또 아니라고도 했다가 하는 셈이다. 그것은 그들이 '좋음'을 단적으로 원인이라고 하지 않고 부대적인 의미에서 그렇게 하기 때문이다.

[988b16] 요컨대 저들 모두가 우리가 원인의 수와 종류의 면에서 바른 결정을 내렸음을 입증하는 것같이 보인다. 저들이 다른 종류의 원인을 언급하지 못하기 때문이다. 그 밖에도 모든 원리의 탐구가 이상과 같은 방식으로 진행되거나 그중 어느 한 방식으로 진행되어야 한다는 것이 분명해졌다.

[988b20] 그러면 다음으로 저들 각 사람이 원리에 관해

---

87) '좋은'을 뜻함.

논급한 내용과, 원리에 대해 저들 각 사람이 취한 입장과 관련해 어떤 문제점이 제기될 수 있는지 살펴보자.

제8장 소크라테스 이전 철학자들의 원인론의 문제점

[988b22] 우선 우주를 하나로, 그리고 질료라는 의미의 하나의 실재로 간주하고, 이 질료를 유형적이고 연장을 갖는 것으로 상정하는 사람은 모두 여러모로 실수하고 있음이 확실하다. 유형적인 사물의 원소만 상정할 뿐, 비유형적인 사물의 원소는 상정하지 않기 때문이다. 비유형적인 사물 역시 존재하는데도 말이다. 그들은 또 생성과 소멸의 원인을 제시하려고 노력하고 모든 사물에 대해 자연철학적 설명을 내놓지만 운동의 원인은 빼먹는다. 또 그들은 실체성과 '무엇임'을 어떤 것의 원인으로도 상정하지 않는 잘못을 범한다. 또 그들은 흙만 예외로 둔 채 단순한 물체 하나하나를 원리라고 거침없이 부르는 잘못을 범하는데, 그들이 그러는 것은 그것들이 어떻게 서로 상대방으로부터 생겨나는 것인지 탐구를 하지 않았기 때문이다. 불, 물, 흙, 공기를 염두에 두고서 하는 말이다. 일부는 결합됨으로써, 또 일부는 분리됨으로써 서로 상대방으로부

터 생겨나기 때문인데, 이것[88]은 무엇이 먼저이고 무엇이 나중이냐의 물음에서 아주 큰 차이를 낳는다. 어떻게 보면 제일의 것으로서 그것으로부터 다른 것이 결합을 통해 생겨나는 바로 그런 물체가 최소 단위의 원소 같고, 물체들 가운데서도 아주 미세하고 아주 고운 물체가 그런 것일 터이기 때문이다(그렇기 때문에 그런 논변과 가장 잘 부합하는 것은 '불'을 원리로 상정하는 사람들일 것이다. 그러나 다른 사람들도 물체의 원소가 그런 식의 것이라는 데서는 모두가 일치한다. 어쨌거나 한 가지 원소를 주장하는 사람들 가운데 흙을 원소라고 하는 사람은 아무도 없는데, 그것은 분명히 알갱이가 굵기 때문일 것이다. 나머지 세 원소에는 각기 그 주창자가 있다. 일부는 불이, 일부는 물이, 또 일부는 공기가 원소라고 주장하기 때문이다.[89] 하지만 그들은 왜 대부분의 사람처럼 흙도 그렇다고 하지 않는 것일까? 대부분의 사람은 모든 것이 흙이라고 말하기 때문이다. 헤시오도스 역시 흙이 물체들 가운데서 제일 먼저 생겨났다고 말한다.[90]) 이처럼 오래되고 대중적인

---

88) 앞에서 말한 차이.

89) 983b18~984a11.

90) 984b23('대지') 참조.

것이 이 상정이다). 이런 논변대로라면, 불 외에 이들 물체 중 어느 하나를 [최소 단위의 원소로] 상정하거나, "공기보다는 농후하고 물보다는 희박한" 어떤 것을 [최소 단위의 원소로] 상정하는 사람은 모두 옳지 않다. 그렇질 않고 생성[의 과정]에서 나중에 나오는 것이 본성상으로는 먼저이고, 무르익은 것과 결합을 통해 생성된 것이 생성[의 과정]에서 나중에 나오는 것이라면, 그 반대되는 결과가 빚어져, 물이 공기보다 먼저이게 되고, 흙이 물보다 먼저이게 될 것이다.

[989a18] 언급한 것과 같은 종류의 원인[91] 하나[만]를 상정했던 사람들에 대해서는 이 정도로 해 두자. 그러나 [원인으로] 여러 가지를 상정하는 경우, 이를테면 엠페도클레스가 질료로는 네 가지 [단순한] 물체가 있다고 하는 경우에서도 사정은 마찬가지다. 그의 경우에서도 부분적으로는 [위에서 지적한 것과] 동일한 문제가 생기고 또 부분적으로는 그 특유의 문제점이 불거질 것이기 때문이다. 우선 보다시피 그것들[92]은 서로 상대방으로부터 생겨나거니와 그 결과 불과 흙이 언제나 동일한 물체로 존립하는

---

91) 질료라는 의미의 원인.

92) 네 가지 물체.

것은 아니기 때문이다(이 점에 대해서는 자연을 다룬 글들[93]에서 논급한 바 있다). 또 사물의 운동 원인과 관련해, 하나의 원인을 상정해야 할지 두 가지 원인을 상정해야 할지에 대해 그가 전적으로 옳다거나 수긍할 만한 얘기를 했다고 생각되지는 않는다. 일반적으로 그런 식으로 말하는 사람은 종국적으로 질적 변화를 희생시킬 수밖에 없다. [그런 식이라면] 뜨거움에서 차가움이 생긴다거나 차가움에서 뜨거움이 생기는 일은 있을 수 없겠기 때문이다. 그렇지 않다면[94] 대립하는 것들 자체를 수용하는 어떤 것이 있어야 할 것이고, 불로 되고 물로 되는 하나의 실재가 있어야 할 텐데, 이는 엠페도클레스가 인정하지 않는 바이기 때문이다.

[989a30] 아낙사고라스를 두고서 그가 두 가지[95] 원소를 말한다고 상정한다면, 그것은 그 자신이 그렇게 딱 부러지게 잘라 말한 것은 아니지만 누가 길만 터 주었더라면 틀림없이 수용했을 사고와 아주 잘 들어맞는다. 그렇질 않고 처음에 모든 것이 혼재해 있었다고 하는 것은 불합리

---

93) 《천체론》 제3장 7절, 《생성 소멸론》 제2장 6절 참조.

94) '뜨거움에서 차가움이 생기게 되고 차가움이 뜨거움이 되는 것이라면'의 뜻.

95) 이성, 그리고 동질적인 것들의 '혼재'.

하기 때문이다. 무엇보다도, 모든 것이 그 전에는 혼합되지 않은 채로 있어야 한다는 결론이 나오기 때문이요, 또 임의의 사물이 임의의 사물과 아무렇게나 혼합된다고 하는 것도 자연스럽지 않기 때문이요, 또 그런 상정 아래서는 속성과 우유성도 해당 실체로부터 분리되어 존재할 수 있을 것이기 때문이다(혼합된 것은 분리될 수도 있기 때문이다). 그럼에도 불구하고 그의 사고를 좇아가 그가 말하고자 하는 바를 다듬어 표현하면, 그의 시도가 상당히 첨단적이었음을 발견하게 될 것이다. 무엇이 뚜렷이 분리되지 않았을 때는 그 실체에 대해 무엇을 참되게 서술할 수 없음이 분명하기 때문이다. 그러니까 혼합물[96)]은 이를테면 희거나 검거나 회색이거나 그 밖의 다른 어떤 색을 띠는 것이 아니라, 반드시 무색일 수밖에 없다는 말이다. 그렇지 않다면 이들 색 중 어느 한 가지 색을 갖는 것일 것이기 때문이다. 역시 같은 이유로 그것은 아무런 맛도 갖지 않는 것이고 그런 부류의 다른 어떤 속성도 갖는 것이 아닌 것이다. 그것이 질이나 양으로 규정되는 게 아닐뿐

96) 아리스토텔레스는 989b7~8에서 여성명사('ousia')에서 중성명사('leukon', 'melan', 'phaion')로 넘어가는데, 그것은 그가 중성명사인 'migma'를 염두에 두고서 그런 게 아닌가 싶다. 1012a28 참조. 슬레자크(Th. A. Szlezák)의 독일어 번역도 참조.

더러, 도대체 특정 부류의 어떤 것일 수가 없기 때문이다. 그렇지 않다면 그것은 특수한 형상 중 어느 하나를 갖는 것일 텐데, 모든 것은 혼합되어 있기 때문에, 그럴 수는 없는 일이다. 그렇게 특수한 형상 중 어느 하나를 갖는 것이라면 [그 특수한 형상이] 이미 분리되어 나왔어야 하겠지만, 아낙사고라스는 '이성'을 제외하고선 모든 것이 혼합되어 있다고, '이성'만이 혼합되어 있지 않고 순수하다고 말하기 때문이다. 이로부터 나오는 결론은 그가 원리로 '하나'(그것이 단순하고 혼합되어 있지 않기 때문이다)와 '다른 것'–이것은 우리가 [원리로] '규정되지 않은 것'을 상정하는 것과 같은 식의 것으로서, [무엇이라고] 규정되기 이전의 것이고 어떤 한 형상에 관계하기 이전의 것이다–을 상정하고 있다는 것이다. 그렇기 때문에 그가 맞는 말을 한 것도 아니고 명확하게 말한 것도 아니지만, 그래도 그가 하고자 했던 말은 후대 사람들의 견해와 닮은 점이 많고 현상과 더 잘 부합하는 것이었다.

[989b21] 그러나 이들은 생성과 소멸과 운동의 논의에만 매달려 있었다. 그들은 대체로 그런 부류의 실체와 [그런 것의] 원리와 원인에 관해서만 탐구하기 때문이다. 그에 반해 사물 전체에 이르기까지 폭을 넓혀 성찰하고, 그중 일부는 감각적으로 지각할 수 있는 것으로 상정하고,

또 일부는 감각적으로 지각하는 게 불가능한 것으로 상정하는 사람들은 확실히 두 부류 모두에 주의를 기울인다. 그렇기 때문에 그들을 다루면서 우리가 현재 진행하고 있는 탐구와 관련해 그들의 어떤 점이 옳고 어떤 점이 옳지 않은지 따져 묻는 것이 더 나을 것이다.

[989b29] 이른바 피타고라스학파 사람들은 자연철학자들보다 더 별난 원리와 원소를 적용한다(그 [별나다고 하는] 이유는 그들이 원리와 원소를 감각계에서 취하지 않는 데 있다. 수학의 대상이 되는 것들은 천문학이 다루는 대상을 제외하면 운동을 하지 않는 것들이기 때문이다). 그래도 그들의 전체 담론과 작업은 자연을 중심으로 전개된다. 그들이 우주의 생성을 말하고, 그 부분과 속성과 활동의 면에서 일어나는 일을 관찰하기 때문이다. 이때 그들은 그들의 원리와 원인을 적용한다. 마치 그들이 감각적으로 지각할 수 있고 이른바 하늘이 포함하고 있는 것만 실재하는 것이라는 데서 다른 자연철학자들과 의견이 일치하기라도 하듯이 말이다. 그러나 그들이 말하는 원인과 원리는 우리가 말했다시피 보다 더 높은 존재 영역으로 올라가는 데에 쓸모가 있으며, 자연에 관한 논의보다 더 높은 존재 영역에 더 잘 들어맞는다.

[990a8] 그러나 그들은 '한계'와 '무한', '홀'과 '짝'만 [원

리로] 주어진 상태에서 어떻게 운동이 있다는 것인지, 또 운동과 변화가 없는데 어떻게 생성과 소멸이 가능하고 하늘 위에서 회전하는 천체들의 활동이 가능하다는 것인지 아무런 설명도 내놓지 않는다. 또 설사 이들 원리에서 [공간상의] 크기[97]가 생성된다고 하는 그들의 주장이 인정을 받거나, 아니면 그들이 그것을 증명해 낸다고 하더라도, 어떻게 해서 어떤 물체는 가볍고 다른 물체는 무거운 것인지가 여전히 물음으로 남는다. 그것은, 그들이 상정하고 있는 것과 그들이 주장하는 바에 기초해 생각해 보면, 그들이 수학의 대상이 되는 것을 감각적 사물 이상으로 보지 않았기 때문이다. 그래서 그들은 불이나 흙 또는 그런 부류의 다른 물체에 대해 일언반구도 하지 않았다. 감각적 사물에 대해 달리[98] 말해야 할 그 어떤 특유한 점을 그들이 인정하지 않았기 때문이었을 것이라고 나는 생각한다.

[990a18] 또 그들은, 한편으로는 수의 속성과 수[자체]가, 처음부터 그리고 현재도, 하늘 위에 존재하고 또 거기서 생성되는 사물의 원인이라고 하고, 다른 한편으로는 수

---

97) 아리스토텔레스는 'megethos'라는 말을 크기의 일반적인 의미로도 쓰고, 공간적 크기 또는 연장의 의미로도 쓴다.

98) 즉 수학의 대상이 되는 것들과 별도로.

는 우주를 구성하는 수만 있을 뿐, 그 외에 다른 수는 있지 않다고 하는데, 어떻게 해서 이와 같이 이해하는 것일까?[99] 왜냐하면 그들의 견해대로 [우주의] 특정 영역에는 '의견'과 '호기(好機)'가 있고, 그 조금 위나 아래에 '부정(不正)'과 '분리'나 '혼합'이 있다면, 또 그 논거로서 그들이 이것들[100] 각각을 수라고 하고, 이러한 [수의] 속성이 각 장소에 배치되어 있기 때문에, 이 장소에는 이러한 수로 구성된 크기가 많이 있다는 것을 든다면, 이러한 수, 즉 하늘에 있는 수가 크기들로 간주되어야 할 수와 동일한 수인지 아니면 별도의 수인지가 물음으로 제기되기 때문이다.[101] 플라톤은 별도의 수라고 말한다. 물론 그 역시 크기들과

---

99) 수가 어떻게 실재이기도 하고 동시에 실재의 원인일 수도 있느냐는 얘기다.

100) 의견, 호기, 부정 등.

101) 피타고라스학파 사람들은 '의견'을 '3('2'라고 했다는 얘기도 있다)'이라 하고, 우주의 특정 부분－'3'으로 구성된 유형적인 크기[5세기 주석가 시리아누스(Syrianus)의 《In Metaphysica Commentaria》(ed. Guillelmus Kroll, Berlin 1902)에 의하면 공기가 그렇게 구성된 것이다]에 어울리는 부분－에 자리 잡고 있다고 말한다. 이에 아리스토텔레스는 '의견'과 동일시되는 추상적인 수('3')가 공기를 구성하고 있는 구체적인 수('3')와 동일한 수냐 어떠냐고 묻고 있는 것이다. 문제는 피타고라스학파가 수에 대한 서로 다른 두 가지 이해를 한데 묶었다는 데 있다.

그것들의 원인을 수라고 상정하긴 하지만, 원인에 해당하는 수는 지성을 통해 알 수 있는 수라고 하고 크기들에 해당하는 수는 감각을 통해 지각할 수 있는 수라고 한다.

제9장 플라톤의 이데아론과 원리론의 문제점

[990a33] 피타고라스학파 사람들에 대해서는 이 정도로 해 두자. 이 정도 했으면 충분하겠기 때문이다. 그러나 이데아를 원인으로 상정하는 사람들의 경우, 첫째로 이 세계 내에 있는 사물의 원인을 파악하는 데서 그들은 그것과 같은 수의 다른 것을 끌어들인다. 그것은 물건을 세려고 할 때, 수가 적으면 셀 수 없다고 생각해, 수를 늘려 놓고서 세는 것과 같다고 하겠다. 이데아는 대략 사물—그들이 탐구했던 것은 이들 사물의 원인이었고, 그때 그들은 이들 사물에서 출발해 저 이데아들로 나아갔다—의 수만큼 있고 그보다 적지는 않기 때문이다. 각 사물에는 [그것에 대응하는, 그것과] 같은 이름을 갖는, 실체—이 세계 내에 있는 것뿐 아니라 영원한 것들[102]의 세계에 있는 것까

102) 천체들을 뜻함.

지 포함해서—와는 분리되어 있는 어떤 것이 (그리고 다른 [비실체적인] 사물[103]의 경우에는 '여럿'에 걸쳐 있는 '하나'[104]가) 있기 때문이다.

[990b8] 또 이데아가 존재한다는 것을 증명하는 우리의 논변 중 그 어떤 것도 우리의 논점을 확연히 드러내 보여 주지 못한다.[105] [그것들 중] 일부에서는 필연성을 띤 결론이 도출되지 않기 때문이고, 또 일부에서는 우리가 이데아의 존재를 상정하고 있지 않은 것들에 대해서까지 이데아가 [있다는 결론이] 도출되기 때문이다. 학문[적 인식]에 기초한 논변[106]에 따르면 학문[적 인식]의 대상이 되는 모든 사물[107]에 이데아가 있어야 하고, "'여럿'에 걸쳐 있는 '하나'" 논변[108]에 따르면 '부정(否定)'[적으로 언급되는

103) 비실체적인 것들, 즉 실체 이외의 다른 범주에 속하는 것들.

104) 다수의 개별자들을 그 외연으로 갖는 하나의 이데아.

105) 여기서 아리스토텔레스는 플라톤주의자의 자격으로 말하고 있다.

106) 학문[의 앎]은 항구적인 것을 대상으로 갖는다는 것.

107) 인조물도 포함해서.

108) 다수의 특수자가 하나의 공통적인 성질이나 본성을 소유할 수 있다는 사실은 그 특수자들이 참여하는 단일 이데아의 존재를 함축한다는 것. 《국가》 596a 참조.

사물]에도 이데아가 있어야 하고, 또 소멸해 버린 사물에 대해서도 사고를 한다는 논변에 따르면 소멸하는 사물에 대해서도 이데아가 있어야 하기 때문이다. 그런 [소멸하는] 사물에 대해서도 어떤 표상이 있기 때문이다.[109] 또 한층 정밀한 논변 중에서 일부는 [상호] 관계[110]—이것은 우리가 보기에 그 자체로 [독립적인] 유를 형성하지 않는다—의 이데아에 귀착하고, 또 일부는 '제3인간'[111]에 귀착한다.

[990b17] 또 일반적으로 이데아[의 존재]를 위해 제시된 논변들은, 우리에게는 이데아의 존재보다 그것의 존재가 더 중요한 바로 그런 것을 없는 것으로 처리해 버린다. [그 논변들대로 하면] '둘'이 제일가는 것이 아니라 '수'가 제일가는 것이게 되고,[112] 상호 관계가 자체적으로 존재

---

109) 이데아론은 소멸하는 사물의 이데아도 인정한다는 것이다. 죽은 사람들을 기억하는 것이 '인간'의 이데아를 상정하는 것이라면, 죽은 특정인을 기억하는 것은 그 (소멸해 버릴) 개인의 이데아를 상정한다는 것이 반론의 요지.

110) 《파이돈》 74a~77a, 《국가》 479a~480a 참조.

111) 여러 논변이 이 이름을 달고 있다. 여기서 말하는 것은 아마도 이런 것일 것이다. 즉 X가 '인간'의 이데아를 닮은 것이어서 인간이라면, 이 둘의 인간성을 통합해 갖고 있는 제3의 '인간'이 있어야 한다. 《파르메니데스》 132a~133a 참조.

하는 것보다 앞서는 게 되고,[113] 이데아론의 주장을 추종하는 일부 사람들이 그 원리에 반해 내세웠던 모든 것이 결과로서 나타나기 때문이다.

[990b22] 또 그것에 근거를 두고서 우리가 이데아의 존재를 주장하는 상정에 따르면, 실체에만 이데아가 있는 것이 아니라 다른 많은 사물[114]에도 이데아가 있어야 할 것이다(왜냐하면 개념이라는 것은 실체에서만 단일한 게 아니라 다른 것에서도 단일하고, 학문이라는 것도 실체에만 있는 게 아니라 다른 것에도 있는 것이고, 그 밖에도 이런 부류의 문제점은 수도 없이 많이 나오기 때문이다). 그러나 논리적 필연성에 따르면, 그리고 이데아에 관한 일반적인 견해에 따르면, 이데아에 참여하는 일이 가능하려면 실체에만 이데아가 있어야 한다. [사물들이] 이데아에 참여한다는 것이 부대적인 일이 아니라, 각 이데아가 어떤 한 기체에 대해 서술되지 않는 한에서 있을 수 있는 일이기

---

112) 아리스토텔레스에게는 2를 치장한 것으로 보였던 부정(不定)의 '둘'이 플라톤에서는 '수'의 이데아에 속하는데, 이로써 '수'는 '둘'에 앞서는 것이 된다.

113) 이것은 바로 앞의 반론의 발전된 형태로 보인다. '수'－이것은 상관적이다－는 독립적인 것으로 보이는 '둘'보다 앞서게 된다.

114) 속성.

때문이다(내가 염두에 두고 있는 것은 이를테면 이런 것이다. 어떤 것이 '두 배 자체'에 참여하고 있다면 그것은 '영원'에도 참여하고 있는 것이나 부대적으로[만] 그런 것이다. '두 배[자체]'가 영원하다는 것은 부대적인 일이기 때문이다[115]). 그러기에 이데아는 실체일 것이다. 그러나 이 세계의 실체와 저 세계의 실체가 동일한 이름을 갖는다. 그렇지 않으면 이 세계의 사물과 별도의 어떤 것이 존재한다, '여럿'에 걸쳐 있는 '하나'가 존재한다는 말이 무엇을 의미하겠는가. 또 이데아와 그것에 참여하는 사물이 동일한 형상을 갖는다면, 그것들에 공통적인 뭔가가 있을 것이다(소멸해 버릴 '둘'[116]과 다수지만 영원한 '둘'[117]에서의 '둘'이, '둘 자체'와 개별적인 '둘'에서의 '둘'보다 더 높은 정도로 동일한 것[118]을 의미해야 하는 이유가 무엇인가 말이다). 그러나 동일한 형상을 갖지 않는다면, 그것들

---

115) 감각계에 있는 두 배의 사물은 영원하지 않다. 따라서 그것은 '영원'이라는 부대적 성질을 갖고 있는 '두 배'의 이데아에 참여—'참여'의 참된 의미에 있어서—하고 있지 않다. 따라서 이데아에 참여하고 있는 것은 성질이 아니라 실체다.

116) 짝을 이루고 있는 감각적 대상.

117) 수학의 대상인 2들.

118) '둘'.

은 단지 이름만 공유할 테고, 그것은 마치 누군가가 칼리아스와 목상(木像)을 모두 '인간'이라고 부르면서 양자 사이에 아무런 공통점도 인정하지 않는 것과 같다 하겠다.[119]

[991a8] 무엇보다도 중요한 물음은 도대체 이데아가 감각적으로 지각할 수 있는 사물들 가운데서 영원한 사물들[120]을 위해, 또 생성과 소멸에 예속되어 있는 사물들을 위해 무슨 일을 하느냐는 것이다. 이데아는 그것들의 운동이나 변화의 원인이 아니기 때문이다. 또 이데아는 다른 사물을 인식하는 데서도 도움이 되지 않고(이데아는 그런 사물의 실체가 아니기 때문이다. 그렇지 않다면야 이들 사물 속에 내재해 있을 것이기 때문이다), 다른 사물의 존재에도 도움이 되지 않는다.[121] 이데아는 이데아에

119) 이것과 바로 위의 논변이 말하고자 하는 것은, 이데아는 실체라는 것이다. 이데아와 개별자가 공유하는 이름은 양자에 대해 동일한 것을 의미해야 한다. 그렇지 않으면 '참여'의 관계는 이름만 같게 된다. 그러나 이데아에서의 '참여'는 실체를 의미한다. 그러므로 개별자 역시 실체여야 한다는 것이다.

120) 천체들.

121) 이 반론은 바로 다음에 나오는 것과 마찬가지로 주로 이데아의 초월성에 초점이 맞춰져 있다. 이 점은 플라톤에 의해 선취된 바 있다. 《파르메니데스》 134d 참조.

참여하고 있는 사물 속에 [그 구성소로] 현전하는 것이 아니기 때문이다. 만약 [구성소로] 현전하는 것이라면, 하얀 대상 속에 섞여 들어가 혼합되어 있는 하양과 같은 식으로 이데아가 원인 구실을 할 수도 있을 것이다. 그러나 이런 논변 – 이것은 아낙사고라스가 처음 주창하고 나중에 가서는 에우독소스와 그 밖의 사람들이 주창한 것이다 – 은 오래 버티기가 어렵다. 그런 견해에 대해서는 쉽게 불합리한 점을 지적할 수 있기 때문이다.

[991a19] 또 [이데아 이외의] 다른 사물이 이데아로부터 나오는 것도 아니다. ['어떤 것으로부터 나오다'의] 일반적으로 사용되는 어떤 의미로든 말이다.

[991a20] 이데아는 원형이고 다른 사물은 이데아에 참여한다는 말은, 알맹이가 없는 말이고 시적 비유를 쓰고 있는 것이다. 이데아를 본떠 만든다는 것이 도대체 무슨 말이냐는 것이다.[122] 임의의 한 사물은 다른 한 사물을 본떠 만들어진 것이 아닐지라도 그것과 닮은 것으로 존재할 수도 있고 또 닮은 것으로 생성될 수도 있다. 그래서 소크라테스[그 자체]가 실재하든 실재하지 않든 간에 소크라테

122) 플라톤은 '데미우르고스'라는 제작자를 말하고 있다. 《티마이오스》 28c, 29a.

스같이 생긴 사람이 있을 수 있는 것이고, 그리고 이는 설사 소크라테스가 영원한 존재이더라도 분명히 마찬가지다. 또 동일한 것이더라도 원형은 여럿 있을 것이고, 그러면 이데아 역시 여럿 있을 것이다. 예를 들어 인간의 경우 "동물"과 "두 발 달렸음"이 원형일 것이고, 또 "인간 자체"도 그럴 것이다.[123] 또 이데아는 감각적으로 지각할 수 있는 사물의 원형일 뿐만 아니라 이데아 자체의 원형이기도 하다. 이를테면 종의 유라고 할 때의 유가 그렇다. 따라서 동일한 것이 원형이기도 하고 모상이기도 할 것이다.[124]

[991b1] 또 실체와 이것이 그것의 실체인 바로 그 사물이 분리되어 존재한다는 것은 불가능할 것이다. 이데아가 사물의 실체일진대 어떻게 분리되어 존재할 수 있겠는가 말이다.

[991b3] 《파이돈》[125]에서는 이데아가 존재의 원인이기도 하고 생성의 원인이기도 하다고 한다. 그러나 설사 이데아가 존재한다고 하더라도, [이데아를] 움직이게 하는

---

123) 이런 귀결이 왜 반론의 대상이 되어야 하는지 아주 분명하지는 않다. 아마도 이런 식으로 '현상을 설명하는' 것이 경제적이지 않다는 이유 때문이지 않나 싶다.

124) 종은 개별자의 '원형'일 테고, 유는 종의 '원형'일 테다.

125) 100c~e.

것이 없으면 이데아에 참여하는 사물이 생성되지 않는다. 하지만 [이데아 이외의] 다른 많은 사물, 예를 들어 집이나 가락지 같은 사물들은 우리가 이데아가 없다고 하는 것들임에도 불구하고 [현실적으로] 생성된다. 따라서 여타의 사물 역시 방금 언급한 것들과 마찬가지의 원인을 통해 확실히 존재할 수도 있고 생성될 수도 있는 것이다.[126)]

[991b9] 또 만약 이데아가 수라면 어떻게 그 수가 [여러 사물의] 원인일 수 있는가? 사물들이 [이데아 수가 아닌] 다른 수들이기 때문에 그런가? 예컨대 이러이러한 수는 인간이고, 또 이러이러한 수는 소크라테스이고, 또 이러이러한 수는 칼리아스라는 식으로 말이다. 그렇더라도 저 [이데아] 수는 어떻게 이 [감각적] 수의 원인일 수 있는가? 수가 일부는 영원한 것이고 일부는 그렇지 않다고 하더라도 그런 구별은 여기서 무의미하다. 그러나 만약 이쪽에 있는 [감각적] 사물이 수의 비율—이를테면 화음이 그렇듯이 말이다—인 한에서 [이데아] 수가 원인이라고 하면, 이 [이데아] 수가 그것의 비율이 되는 바로 어떤 것인가가 분명히 있어야 한다. 그런데 이것이 [특정의] 어떤 것, 즉 질료라면, 수 자체[127)] 역시 분명히 어떤 것[128)]과 다른 어

126) 991a8~b9와 함께 제13권 제5장, 1079b12~1080a8 참조.

떤 것[129]의 비율일 것이다. 내가 염두에 두고 있는 것은 이런 것이다. 예컨대 칼리아스가 불과 흙과 물과 공기의 수적 비율이라면, 그 이데아 역시 다른 일정한 기체들의 수적 비율일 것이다. 또 인간 자체[130] 역시, 그것이 특정의 수든 아니든 간에, 특정한 사물들의 수적 비율이지 그냥 수가 아닐 것이고, 수적 비율이기 때문에 그 어떤 이데아도[131] 수가 아닐 것이다.[132]

[991b21] 또 여러 수에서 하나의 수가 생겨난다고 하지만, 어떻게 [여러] 이데아에서 하나의 이데아가 생겨나는가? 또 하나의 수가 여러 수 자체에서 생기는 게 아니라 수를 구성하고 있는 것, 예컨대 1만이라는 수를 구성하고 있는 것에서 생기는 것이라고 하면, 그 단위 요소들은 어떻게 되는가? 만약 단위 요소들이 종적으로 같은 것이라면

---

127) 이데아 수.

128) '어떤 수'의 의미.

129) '다른 어떤 수'의 의미.

130) 인간의 이데아.

131) 예거(W. Jaeger)는 [이데아]를 보충해 읽는다.

132) 분명하게 표현되지는 않았지만 이데아가 수라는 말은 이데아가 순수한 수적 표현이거나 비율이라는 게 아니라, 개별자가 그런 것처럼 이데아가 기체를 갖는다는 말이다.

많은 불합리한 점이 나온다. 종적으로 같은 것이 아니라고 하더라도(하나의 수를 구성하고 있는 단위 요소들이 서로 같지 않든, 다른 수를 구성하고 있는 단위 요소들 모두가 다른 수를 구성하고 있는 단위 요소들 모두와 같지 않든)[133] 마찬가지다. 속성이 없는데 어떻게 그것들이 서로 구별되겠는가 말이다. 그 모두는 설득력도 없고 일관성도 없는 얘기다.

[991b27] 또 다른 부류의 수, 곧 산수학의 대상이 되는 수와, 일부 사람들이 '중간에 있는 것'이라 부르는 것 전체가 상정되지 않을 수가 없다. 하지만 어떻게 그런 '중간에 있는 것'이 있을 수 있으며 또 어떤 원리에서 생겨나는 것인가? 또 무슨 이유로 해서 그것이 이쪽에 있는 [감각적] 사물과 사물 자체[134] 사이에 있게 된 것인가?

[991b31] 또 2라는 수를 구성하고 있는 단위 요소들 각각은 그에 앞서는 2에서 나올 수밖에 없다. 그러나 그것은 불가능하다.[135]

---

133) 괄호 속의 말이 의미의 근사치라는 것은《형이상학》제13권 제6장, 1080a18~29, 제7장, 1081b32~37로 미루어 볼 때 분명한 것 같다. 그러나 그리스 원전만 가지고서 그런 의미를 간취하기란 어렵다.

134) 이데아.

135) 즉 2가 그에 앞서는 2(중간에 있는 둘)에서 나온 것이라면, 그와

[992a1] 또 왜 [단위 요소들이] 한데 합쳐져 만들어진 수가 하나를 이루는 것인가?

[992a2] 또 이제까지 얘기한 것 외에도, 단위 요소들이 서로 다른 것이면, 그들은 네 가지나 두 가지 원소를 상정했던 사람들이 했던 것과 같은 식으로 말했어야 했다. 왜냐하면 저들은 누구나 공통적인 것, 예컨대 '물체'를 원소라 부르지 않고, 공통적인 것, 곧 '물체'가 있든 없든 간에, 불이나 흙을 원소라고 부르기 때문이다. 그러나 여기서는 '하나'가 마치 불이나 흙처럼 동질적인 것인 양 애기된다. 그러나 그게 사실이라면 수는 실체가 아닐 것이다. 따라서 만약 '하나 자체'가 있고 또 그것이 원리라면, 분명히 '하나'라는 개념은 여러 가지 의미로 쓰이는 것이다. 그렇지 않고서는 그것이 불가능하기 때문이다.[136]

[992a10] 우리는,[137] 실체들을 원리로 환원시키려고

동시에 그것이 두 개의 단위 요소 또는 1들로 구성된 것이라면, 2는 자기 자신에 앞서는 것이고 또 1에 앞서는 것이 된다는 의미.

136) 이 마지막 문장은 그 위에서 아리스토텔레스가 플라톤의 '하나'를 단위 요소로 간주했음을 보여 준다. 아리스토텔레스의 주장은, '하나'가 단위 요소라면 실체는 그것으로 구성될 수 없다는 것이다. 반대로 '하나'가 단위 요소가 아니라면 그게 무엇인지 분명하게 밝혔어야 했다는 것이다.

137) 여기서 아리스토텔레스는 플라톤주의자의 자격으로 말하고 있

할 때, 선(線)은 '길고 짧음[長短]'으로, 즉 일종의 '크고 작음[大小]'으로 이루어진 것으로 보고, 면(面)은 '넓고 좁음[廣狹]'으로, 입체는 '깊고 얕음[深淺]'으로 이루어진 것으로 본다.[138] 그러나 어떻게 면이 선을 포함하고 입체가 선과 면을 포함한다는 것인가. '넓고 좁음'은 유(類)에서 '깊고 얕음'과 다른 것이기 때문이고, 또 수가 그것들에 포함되어 있지 않은 것과 같이('많고 적음[多少]'은 그것들[139]과 [유가] 다른 것이기 때문이다), 상위의 것이 하위의 것에 포함되어 있지 않음이 명백하기 때문이다. 또 '넓음' 역시 '깊음'의 유가 아니다. 그렇지 않으면 입체가 면의 일종이 되어 버리기 때문이다.[140]

[992a19] 또 점(點)은 어떤 [원리]로 해서 [선에] 포함되어 있는 것인가?[141] 그런 유[142]에 대해서는 플라톤도 기

다.

138) 여기서 말하는 선, 면, 입체는 이데아 수들 바로 다음에 나오는 이데아 선, 이데아 면, 이데아 입체들일 것이다. 《형이상학》 제13권 제6장, 1080b24~30, 제9장, 1085a7~12 참조.

139) '크고 작음'의 종들.

140) 992a10~19와 더불어 제13권, 1085a9~19 참조.

141) 선과 면과 입체는 다양한 '크고 작음'으로부터 생겨난다. 그러나 점은 크기가 없는 것이기 때문에 그럴 수가 없다. 그래서 어떻게 점이

하학적 가정에 불과한 것이라고 하여 배척했다. 그 대신에 그는 선의 원리로 '불가분(不可分)한 선'을 들었고 또 자주 그것을 상정했다.[143] 그러나 '불가분한 선'에도 어떤 한계가 있지 않으면 안 된다. 따라서 선이 존재함을 증명해 주는 논거는 점이 존재함을 증명해 주는 논거이기도 한 것이다.[144]

[992a24] '지혜'가 가시적 사물의 원인을 탐구하는 것임에도 불구하고, 도대체 우리는[145] 그렇게 하지 않았다(변화의 발단이 되는 원인에 대해서는 우리가 아무 말도 하고 있지 않기 때문이다). 그 대신에 우리는 저들 [가시적] 사물의 실체에 대해 말하고 있다고 생각은 하면서도 실은 다른 실체의 존재를 주장하고 있고, 어떻게 그것이 가시적 사물의 실체인가에 관해서도 우리는 알맹이가 없

선과 면 등에 들어 있을 수 있느냐는 것이다.

142) 선(線).

143) 플라톤이 선의 존재를 부정하고 '불가분한 선'의 존재를 주장했다는 것은 어디에도 명시적으로 언급되어 있지 않다. 그것은 크세노크라테스의 주장으로 알려져 있다.

144) 점이 선의 한계라면 그렇다는 말이다.

145) 여기서 아리스토텔레스는 플라톤주의자의 자격으로 말하고 있다.

는 말을 하고 있다. '참여하다'란 전에[146] 말한 것처럼 아무 의미도 없는 말이기 때문이다.

[992a29] 또 우리가 학문의 근거가 되는 것으로 간주하고, 또 모든 이성과 모든 자연이 그것 때문에 일을 하는 바로 그것, 즉 우리가 여러 원리 중 하나로 간주하는 바로 그 원인[147]하고도 이데아는 연결되는 바가 없다. 요즘 사람들한테는[148] 오히려 수학이 저들의 철학이 되어 버렸다. 말로는 다른 사물을 위해 어쩔 수 없이 수학을 할 뿐이라고 하지만 말이다.[149]

[992b1] 또 질료의 의미로 근간을 이루는 실체는 너무나 수학적이어서 질료라고 하기보다는 오히려 실체나 질료의 술어 또는 종차로 간주할 수 있을 것이다. 예컨대 '큼[大]'과 '작음[小]'이 그런 것이겠다. 자연철학자들이 '희박'과 '농후'를 기체의 제일가는 종차라고 하면서 그랬듯이 말이다. '희박'과 '농후'는 [역시] 일종의 과대와 과소이기 때문이다.

---

146) 991a20~22.

147) 목적이라는 의미의 원인. 한마디로 말해서, 목적인.

148) 스페우시포스가 그 한 예다. 스페우시포스는 플라톤의 조카며 플라톤의 뒤를 이어 아카데미아의 수장(首長)이 된 인물이다.

149) 《국가》 제7권, 531d, 533b~e 참조.

[992b7] 또 운동과 관련해, 그것들[150]이 운동[을 구성하는 것]이라면, 분명히 이데아는 운동을 하는 것일 것이다. 그러나 그렇지 않다면,[151] 도대체 운동은 어디서 오는 것이란 말인가. 이로써 자연에 대한 탐구가 통째로 자취를 감추게 되는 것이다.

[992b9] 또 쉬워 보이는 것, 즉 모든 것이 '하나'임을 증명하는 것도 이뤄지지 않는다. ['여럿'에서 '하나'를] '이끌어 내 상정하는' 식[152]으로는, 그들이 상정하는 것을 모두 인정한다 하더라도, 모든 것이 '하나'라는 결론은 나오지 않고, '하나 자체'가 있다는 결론만 나온다. 이조차도 보편적인 것이 유(類)를 나타내는 것임을 인정하지 않으면 나오지 않는다. 하지만 일부 보편개념에서는 보편적인 것이

---

150) '큼'과 '작음'.

151) '이데아가 운동을 하는 것이 아니라면'의 뜻.

152) '이끌어 내 상정하다(ekthesis)'는 여러 전문적 의미를 가지고 있다. 여기서는 대체로 다음과 같은 과정을 의미한다. 이를테면 개별 인간들을 취한 다음, 그들을 그들의 공통 본성에 조회해 단일의 단위 요소 또는 보편자, 즉 '인간'으로 환원한다. 그런 다음 다시 "인간", "말", "개" 등을 취해 모든 것을 포섭하는 하나의 단위 요소에 이를 때까지 그것들을 앞서와 똑같은 방식으로 진행해 나간다. 이러한 플라톤의 방법에 대해서는 《형이상학》 제7권, 1031b21, 제13권, 1086b9, 제14권, 1090a17 참조.

유를 나타내는 것임을 인정하는 것이 불가능하다.[153]

[992b13] 수 다음에 나오는 선과 면과 입체에 대해서도, 그것들이 어떤 식으로 존재하고 있고 어떤 식으로 존재할 수 있는 것인지, 또 그것들이 어떤 능력을 갖고 있는지에 대해 어떤 설명도 나와 있지 않다. 그것들은 이데아도 아니고(그것들은 수가 아니기 때문이다), '중간에 있는 것'(이것은 수학의 대상이 되는 것이기 때문이다)도 아니고, 소멸해 버릴 것도 아니기 때문이다. 아무래도 또 하나의, 제4의 유가 있는 것 같다.

[992b18] 일반적으로 존재한다고 일컬어지는 사물의 구성 원소를 탐구하는 데서 '존재'가 얼마나 많은 의미로 얘기되는지를 구별하지 않으면 [존재하는 사물의 구성 원소를] 구하는 일은 불가능하다. 특히 저런 식으로[154] 존재하는 사물의 구성 원소를 탐구할 때 그렇다. [그런 식으로는] 행한다거나 당한다거나 또는 곧다는 것을 구성하고 있는 원소에 대해 확실히 대답할 수 없기 때문이다. 가능하다고 하더라도 실체의 경우에서만 가능할 뿐이다. 따라서

153) '관계' 명사(名辭)나 '부정' 명사의 경우가 그런 경우일 것이다. 990b11~17 참조.

154) 플라톤주의자들이 하는 식으로.

[그런 식으로] 존재한다고 일컬어지는 모든 사물의 구성 원소를 탐구한다거나 [구성 원소를] 찾아냈다고 주장하는 것은 참말이 아니다.

[992b24] 또 어떻게 모든 사물의 원소를 배워서 알 수 있다는 말인가. 분명히 그 누구든 배우기 전에는 아무것도 알 수가 없는 것이다. 기하학을 배우려는 사람이 사전에 다른 것에 대해 알고 있을 수는 있지만, 기하학의 대상이 되는 것과 그가 배우려고 하는 것에 대해서는 사전에 알고 있는 것이 전혀 없듯이, 다른 모든 경우에서도 마찬가지이기 때문이다. 따라서 많은 이들이 주장하듯이, 모든 것을 다루는 하나의 학문[155]이 있다고 하더라도, 그것을 배우려는 사람이 사전에 알고 있는 것은 아무것도 없을 것이다. 그러나 모든 배움은 전체적으로나 부분적으로 선행하는 앎을 매개로 이뤄진다. 논증을 통한 배움이든 정의(定義)를 통한 배움이든 마찬가지다(정의를 구성하는 부분은 사전에 알려져 있는 것이어야 하고 숙지되어 있는 것이어야 하기 때문이다). 귀납을 통한 배움의 경우도 마찬가지다.

[992b33] 또 그런 학문은 우리가 태어날 때부터 가지고

---

155) 예컨대 플라톤의 변증법.

있는 것이라고 할진대,[156] 학문 가운데서도 최고의 학문을 소유하고 있으면서도 우리들 자신이 그걸 모르고 있다면 그것은 이상한 일일 것이다.

[993a2] 또 사물이 어떤 원소로 구성되었는지 어떻게 알며, 또 어떻게 그 점이 명확해지는 것인가? 여기에도 문제점이 포함되어 있기 때문이다. [다음과 같이] 음절의 경우에서처럼 논란이 있을 수 있기 때문이다. 즉 음절 'za'를 두고서 어떤 사람들은 그것은 s와 d와 a로 구성된 것이라고 주장하는 반면에, 또 어떤 사람들은 그것이 별개의 소리요, 기왕에 알려진 것 중 어느 하나가 아니라고 주장한다.[157]

[993a7] 또 감각에 의해서라야 파악되는 사물인데 감각을 갖고 있지 않다면 어떻게 그것을 인식할 수 있겠는가. 그렇더라도 모든 사물을 구성하는 원소가 동일한 것이면 가능할 것이다. 복합음이 특정한 원소[158]로 구성되

---

156) 플라톤의 상기설을 말함. 《메논》 81c, 《파이돈》 72e 참조.

157) 'stoicheion'은 '원소'와 '문자' 모두를 의미한다. 그래서 문자가 자주 질료적 원소의 유사물로 사용된다. 여기서 핵심은, z(또는 그리스 자모로 Z)가 하나의 스토이케이온(원소)이냐, 아니면 더 분할될 수 있느냐다. 이 점에서 의견이 갈릴 수 있으므로 원소 일반에 대해서도 의견의 차이가 예상된다는 것이다.

어 있듯이 말이다.[159]

제10장 이전 철학자들의 네 가지 원인 : 두 번째 결론

[993a11] 따라서 모두가 《자연학》[160]에서 논급한 원인을 탐구하려고 한 것 같고, 그것 외에는 어떤 종류의 원인도 우리가 들 수 없다는 것이 이상의 논의로부터도 분명하다. 그러나 그들은 그것을 어렴풋이만 언급했을 뿐이다. 그러니까 어떤 의미에서는 모든 원인이 일찌감치 거론되었지만, 또 어떤 의미에서는 전혀 거론되지 않은 셈이다. 초창기의 철학이 모든 것에 대해, 말하자면 떠듬떠듬 말하는 것 같았기 때문이다. 아직 어리고 걸음마 단계였던 것이다. 엠페도클레스만 하더라도 [그 안의] 비율 때문에 뼈가 존재한다고 말한다.[161] 비율이란 사물의 본질이고 실

---

158) '음소(音素)'를 의미함.

159) 소리인 한에서 복합적인 소리에 고유한 원소를 말한다. 만약 시각과 소리가 동일한 원소를 갖는 것이라면, 그 원소가 시각을 구성하는 것으로 알고 있는 시각은 그 원소가 소리를 구성하는 것으로 알게 될 것이다. 바꿔 말해서, 우리는 소리를 보게 될 것이다.

160) 제2권 제3장, 제7장.

체인 것이다. 그러면 살[肉]과 그 밖의 다른 사물 역시 마찬가지로 비율을 통해 존재하는 것이어야 한다. 아니면 그 어떤 것도 비율을 통해 존재하는 것이 아니든지 말이다. 결국 비율을 통해서 살과 뼈가 존재하는 것이고 그 밖의 다른 개개의 사물이 존재하는 것이지, 질료—이것을 엠페도클레스는 원인이라고 부른다—를 통해서, 즉 불과 흙과 물과 공기를 통해서 존재하는 것이 아닌 것이다. 그러나 만약 다른 어떤 사람이 그런 말을 하기만 했어도 그는 동의하고도 남았을 것이다. 그러나 그가 그렇게까지 명확하게 말하지는 않았다.

[993a24] 이런 것에 대해서는 이미 위에서도 논급한 바 있다. 이제는 바로 이런 것에 대해 제기될 수 있는 문제들로 다시 돌아가자.[162] 후에 우리가 봉착할 난문들에 대한 어떤 해결의 단초를 거기서 얻을 수도 있을 것이기 때문이다.

161) 아리스토텔레스는 엠페도클레스가 본질 내지 형상인의 관념을 가지고 있었으나 그것을 일반적으로 적용하지는 않았다고 생각한다.

162) 제3권을 가리킨다.

제2권

제1장 철학은 영원한 존재의 진리와 원리를 탐구하는 학문이다

[993a30] 진리를 탐구하는 일은 어떻게 보면 어렵고 어떻게 보면 쉽다. 그 증거는 그 누구도 진리를 정확하게 맞힐 수 없지만 그렇다고 모두가 다 허탕을 치기만 하는 것도 아니라는 것이다. 오히려 각 사람이 [사물의] 본성에 관해 뭔가 일리 있는 말을 하는데, 한 사람씩 떼어 놓고 생각하면 진리에 기여하는 바가 전혀 없거나 거의 없다시피 하지만 그 모두를 합쳐 놓고 보면 상당히 된다. 따라서 이런 의미에서라면, "문짝을 맞히지 못할 사람이 어디 있느냐" 라는 속담의 경우와 사정이 다를 게 없어 보이기 때문에, 진리를 탐구하는 일은 쉽다고 할 수도 있겠다. 그러나 전체적으로는 뭘 좀 얻는다고 해도 세부적으로는 아는 게 없다는 것이 그것의 어려움을 보여 준다.

[993b7] 그러나 어렵다는 것이 두 부류일 수 있기 때문에, 어려움의 원인이 사물 안에 있지 않고 우리 안에 있을지도 모른다. 왜냐하면 대낮의 햇볕에 노출되어 있는 박

쥐의 눈처럼, 우리 영혼의 이성 역시 본성상 모든 사물 가운데서 가장 명백한 것에 노출되어 있기 때문이다.

[993b11] 또 우리가 동의할 수 있는 견해를 주장한 사람들뿐 아니라 한층 피상적인 수준의 견해를 피력한 사람들에게도 감사하게 생각하는 것은 당연하다. 그들 역시 기여한 바가 있기 때문이다. 우리의 정신적 자세를 단련시켜 주었던 것이다. 만약 티모테오스[163)]가 없었다면 아마도 서정시의 큰 부분이 공백으로 남았을 것이다. 그러나 이 티모테오스도 프리니스[164)]가 없었다면 존재할 수 없었을 것이다. 진리에 관해 입장을 표명했던 사람들의 경우도 마찬가지다. 즉 어떤 사람들로부터는 우리가 일정한 견해를 넘겨받는데, 또 어떤 사람들은 저들[165)]이 있을 수 있던 전제 조건이었던 것이다.

[993b19] 철학은 진리의 학문이라 불려도 좋다. 이론적

---

163) 밀레토스 출신, BC 446(?)~BC 357년. 아테네에 살았던 적도 있는데, 그곳에서 에우리피데스와 친분이 있었다고 하며, 200여 수의 디티람보스풍 시를 남겼다.

164) 레스보스섬의 미틸레네 출신, 기원전 5세기 중엽 활동. 키타라라는 악기의 명수였고, 아리스토파네스의 <구름>(971)에 등장한다.

165) 우리가 그들로부터 일정한 견해를 넘겨받게 되는, 앞에 나오는 '어떤 사람들'을 말함.

학문의 목표는 진리이고, 실천적 학문의 목표는 활동이기 때문이다. 실천적 학문에 종사하는 사람들은 사태를 연구하더라도 원인 자체를 탐구하는 게 아니라, 어떤 것과의 관련 속에서, 현재 어떻게 있는가를 탐구하기 때문이다. 그러나 우리는 원인을 알지 못하는 한 진리를 안다고 할 수 없다. 또 다수의 사물 가운데서, 다른 사물로 하여금 어떤 한 성질을 띠게 만드는 바로 그 사물이 같은 이름의 성질을 가장 많이 갖고 있는 것이다(예컨대 불이 가장 뜨겁다. 그것은 불이 다른 사물들의 뜨거움의 원인이기 때문이다). 그래서 하위 사물들의 참됨의 원인이 되는 것이 가장 참된 것이다. 그래서 항상 존재하는 것의 원리가 항상 가장 참된 것일 수밖에 없다. 그런 원리는 때에 따라서[만] 참된 것이 아니고, 또 그것의 존재의 원인이 따로 있지 않고, 오히려 그것이 다른 사물의 원인이기 때문이다. 그래서 각 사물의 존재하는 정도와 참인 정도는 나란히 움직인다.

제2장 원인은 무한하지 않다

[994a1] 어쨌든 원리가 있다는 것과, 원인이 무한하지 않다는 것, 즉 직선적으로 이어지는 무한한 계열을 이루지

도 않고 가짓수가 무한히 많지도 않다는 것은 명백하다. 질료인의 의미에서 하나가 다른 하나로부터 생겨나는 일이 무한히 (예컨대 살[肉]은 흙으로부터 생겨나고, 흙은 공기로부터, 공기는 불로부터, 하는 식으로 끝없이) 이어질 수 없고, 운동의 발단이 되는 것 역시 무한히 (예컨대 인간은 공기에 의해 움직이게 되고, 공기는 태양에 의해, 태양은 '다툼'[166]에 의해, 하는 식으로 한없이) 거슬러 올라갈 수 없기 때문이다. 목적[으로서의 원인] 역시 마찬가지로 무한히 (걷기는 건강을 위함이고, 건강은 행복을, 행복은 다른 어떤 것을, 하는 식으로 하나가 늘 다른 하나를 위해) 나갈 수는 없다. 본질의 경우도 마찬가지다. 왜냐하면 중간에 있는 [세 가지] 것들—그중 하나는 '맨 나중 것'이고 또 하나는 '보다 이전 것'이다—중에서 '보다 이전 것'은 그 뒤에 이어지는 것의 원인일 수밖에 없기 때문이다. 셋 중 어느 것이 원인인가를 말해야 한다면 우리는 맨 처음 것을 들 것이기 때문이다. 어쨌거나 맨 나중 것은 아니다. 맨 끝에 오는 것은 다른 어떤 것의 원인도 아니기 때문이다. 중간에 있는 것도 마찬가지다. 그것은 다른 하나에 대해서만 원인이기 때문이다(중간에 있는 것이 단 하나든 여럿

166) 엠페도클레스의 우주론에서 취한 예다.

이든, 무수히 많든 유한하게 많든, 그것은 문제가 되지 않는다). 이런 식으로 무한한 사물에서, 그리고 일반적으로 무한한 것에서 모든 부분은 현시점의 것에 이르기까지 같은 정도로 중간에 있는 것일 뿐이다. 그래서 맨 처음 것이 없으면 원인이라는 것 자체가 없는 것이다.

[994a19] 또 위쪽에 단초[167]가 있다면, 아래쪽으로도 무한히 나갈 수는 없다. 이를테면 불에서 물이 생겨나고, 물에서 흙이 생겨나고, 하는 식으로 계속해서 뭐가 생겨나듯이 말이다. 어떤 것에서 어떤 다른 것이 생겨난다는 데는 두 가지 의미가 있기 때문이다. 즉 (어떤 것이 어떤 다른 것 '뒤에', 예컨대 이스트모스 경기 '뒤에'[168] 올림피아 경기가 행해진다고 하는 경우는 말고) 어린이로부터 성인이 생성되는 경우 ─ 이 경우는 어린이가 변한다 ─ 와, 물에서[169] 공기가 생성되는 경우가 있는 것이다. 여기서 어린이로부터 성인이 생성된다고 함으로써 우리가 의미하는

167) 원리.

168) 'ek'는 '~로부터'의 의미와 '~뒤에'의 의미를 모두 갖고 있다. 2년마다 열리는 이스트모스 경기와 4년마다 열리는 올림피아 경기가 같은 해에 열리면, 이스트모스 경기는 봄에 열리고 올림피아 경기는 여름에 열렸다.

169) '물로부터'의 의미.

것은 '생성되고 있는 것'으로부터 '생성된 것'이 나오고 '완성되고 있는 것'으로부터 '완성된 것'이 나온다는 것이다(항상 중간에 어떤 것이 있기 때문이다. 존재와 비존재 중간에 생성의 과정이 있듯이, 생성되고 있는 것 역시 존재하고 있는 것과 존재하고 있지 않은 것의 중간에 있는 것이다. 배우고 있는 사람이란 생성되고 있는 학자이고, 이것이 곧 배우고 있는 사람으로부터 학자가 생성된다고 할 때 의미하는 것이기 때문이다). 다른 한 종류는 공기로부터 물이 생겨난다고 하는 경우로서, 여기서는 하나가 아예 소멸해 버린다. 그래서 저 [생성에서는] 단계들이 반대 방향으로 돌아가지 않는다. 즉 성인으로부터는 어린이가 생성되지 않는다(생성의 과정으로부터 생성되는 것은, 생성되고 있는 것이 아니라 생성의 과정을 거친 뒤에야 존재하는 것이기 때문이다. 그러니까 (대)낮도 여명으로부터 생성되는 것이다. 여명 뒤에야 낮이 밝아 오기 때문이다. 그래서 여명 역시 낮으로부터 생성되지 않는다). 그러나 다른 [생성에서는 결과들]이 반대 방향으로 돌아간다. 하지만 두 경우 모두에서 [생성의 과정이] 무한히 진행되는 일은 불가능하다. 왜냐하면 [첫 번째 부류의 경우] 중간 단계들에는 반드시 끝이 있어야 하고, 다른 [부류의] 것들은 반대 방향으로 돌아가기 때문이다. 어느 하나의 소멸은 곧

다른 하나의 생성이기 때문이다. [중략]

[994b9] 또 목적[으로서의 원인]이란 목표가 되는 것이고, 다른 어떤 것을 위해 그것이 있는 것이 아니라 오히려 다른 것이 그것을 위해 있는 그런 어떤 것이 바로 그런 부류의 것이다. 그래서 이런 부류의 맨 나중 것이 있다면 [인과의 계열이] 무한하지 않겠지만, 이런 부류의 것이 없다면 목적[으로서의 원인]도 있지 않을 것이다. 하지만 무한하다고 하는 사람들은, 자신이 그러는 줄도 모른 채, 좋음의 실재를 없는 것으로 처리해 버리는 것이다. 하지만 누가 됐든 종점에 도달하리라는 기대가 없이는 감히 어떤 일을 하려고 나서지 않을 것이다. 또 이성도 사물 속에 있지 않을 것이다. 어쨌든 이성을 가진 사람이라면 항상 무엇인가를 위해 행동하고, 바로 이 무엇인가가 종점이 되는 것이기 때문이다. 목표가 곧 종점이기 때문이다.

[994b16] 또 본질 역시 개념적으로 더 많은 내용을 담고 있는 다른 또 하나의 정의로 환원할 수 없다.170) 왜냐하면 항상 처음에 내린 정의가 정의인 정도가 더 높고 나중에 내린 정의는 그렇지 못하기 때문이다. 그러나 처음

---

170) '합리적 동물'이라는 인간의 정의를 '동물' 대신 '살아서 감각할 수 있는 실체'를 집어넣어 '합리적인, 살아서 감각할 수 있는 실체'로 환원할 수 있을 것이다. 그러나 이런 과정이 무한히 진행될 수는 없다.

것이 [원인이] 아닌 경우에는 그다음 것 역시 [원인이] 아니다. 또 그런 주장을 펴는 사람은 인식[171]을 없는 것으로 처리하는 사람이다. 왜냐하면 불가분(不可分)한 것[172]에 도달하기 전에는 인식이란 불가능하기 때문이다. [일상적인] 앎 역시 있을 수 없다. 그런 식으로[173] 무한한 것을 어떻게 파악할 수 있겠는가 말이다. 선(線)의 경우와는 사정이 다르기 때문이다. 선에서는 그것을 분할하는 일이 끝없이 진행되지만, [분할하는 사고를] 멈추지 않고서는 그것을 파악할 수 없기 때문이다(그렇기 때문에 무한한[174] 선을 따라서 가는 사람은 분할되는 선분[의 수]을 셀 수 없을 것이다). 선 전체 역시 이 부분에서 저 부분으로 이동하지 않는,[175] [우리 안에 있는] 어떤 것을 통해 파악될 수밖에 없다. 또 무한한 것은 존재할 수도 없다.[176] 설사 존재한다고 하더라도 무한함의 존재는 무한하지 않을 터이

171) '정초된' 앎을 의미한다.

172) 더 이상 나눌 수 없는 '개념'을 의미한다.

173) '실제로' 그렇다는 말이다.

174) '무한히 분할할 수 있는'을 의미한다.

175) 로스(W. D. Ross)에 따라 "tēn holēn ou kinoumenō"로 읽음.

176) '현실적으로는' 존재할 수 없고, 단지 '잠세적으로'만 존재할 수 있을 뿐이라는 말이다.

다.[177)]

[994b27] 또 만약 원인의 종류가 수적으로 무한하다고 해도 역시 앎은 있을 수 없을 것이다. 우리가 믿기로는, 우리가 무엇을 알고 있다고 하는 것은 그 원인을 알고 있을 때의 일인데, [무한히] 부가되어 간다는 의미로 무한한 것을 제한된 시간 안에 관통할 수는 없기 때문이다.

제3장 수학적 엄밀함은 자연학의 방법이 아니다

[994b32] 강의를 어떻게 받아들이는가는 [수강하는 사람의] 습성에 달려 있다. 왜냐하면 우리는 우리에게 익숙한 방식으로 강의가 진행되기를 원하는데, 거기서 벗어난 것은 [우리 눈에 통상적인 것과] 같아 보이지 않는 데다가, 익숙하지 않기 때문에 더욱 이해하기가 어렵고 낯설어 보이기 때문이다. 익숙한 것은 이해하기가 쉽기 때문이다. 익숙한 것이 얼마나 강한 힘을 가지고 있는가는 법률이 분명히 드러내 보여 주는데, 법률에서는 신화적이고 유치한

---

177) 무한하다고 하는 것, 또는 무한함의 본질은 무한하지 않다, 즉 무수히 많은 징표를 갖지 않을 것이라는 의미.

잔재들이 익숙해져 있다는 이유로 정확한 법률 지식보다 더 큰 힘을 발휘한다. 그래서 어떤 사람은 강의하는 사람이 수학적으로 엄밀하게 말하지 않으면 들으려고 하지 않고, 어떤 사람은 실례를 들지 않으면 들으려고 하지 않고, 또 어떤 사람은 증거로서 시인이 인용되길 원한다. 또 어떤 사람은 모든 것이 엄밀하게 [논증]되기를 바라는 반면, 어떤 사람은 그렇게 엄밀한 것에 짜증을 낸다. [논증을] 좇아갈 능력이 없거나 그러는 것을 좀스러운 것으로 여기기 때문이다. 엄밀함을 기하는 데에는 그런 면이 좀 있거니와, 그래서 상거래에서처럼 논증에서도 그것은 많은 사람에게 품위 없는[178] 행동으로 보이기 때문이다. 그래서 각종 논증을 어떻게 받아들여야 하는지에 대해 사전 교육을 받아 둬야 한다. 학문을 탐구함과 동시에 학문하는 방법을 탐구한다는 것은 이치에 맞지 않을 뿐 아니라, 그렇게 해서는 어느 하나도 손쉽게 얻을 수가 없기 때문이다.

[995a14] 수학의 엄밀한 논증 방식은 모든 대상에 대해 요구해서는 안 되고, 다만 질료를 갖지 않는 경우에서만 요구할 일이다. 그렇기 때문에 그런 논증 방식은 자연학의 논증 방식은 아니다. 자연 전체가 질료를 갖는 것이기

178) '자유인에게 어울리지 않는'이라고 할 수도 있다.

때문이다. 그래서 우리가 제일 먼저 탐구해야 할 것은 자연이란 무엇이냐는 것이다. 그러면 자연학이 무엇을 대상으로 하는지(와 원인과 원리를 고찰하는 것이 어느 하나의 학문이 하는 일인지, 아니면 여러 학문이 하는 일인지)[179]도 분명해질 것이기 때문이다.

179) 괄호 안의 말은 《형이상학》의 주제와 연결되어 있음을 드러내기 위해 삽입된 것으로 보이나, 제3권 제1장 995b5에 놓여야 할 말 같다.

제4권

제1장 '존재하는 것'을 '존재하는 것'으로 놓고서 탐구하는 학문

[1003a21] '존재하는 것'을 '존재하는 것'으로 놓고서 고찰하고, 또 이 '존재하는 것'에 자체적으로 속하는 것을 고찰하는 하나의 학문이 있다. 이 학문은 이른바 개별 과학 중 그 어느 학문과도 같지 않다. 왜냐하면 다른 학문은 그 어느 것이든 '존재하는 것'을 '존재하는 것'으로 놓고서 보편적으로 고찰하지를 않고 그 가운데서 어느 한 부분을 떼어 내 그것에 부대적인 것을 고찰하기 때문이다. 예컨대 수학에 속하는 여러 학문[180]이 그러하듯이 말이다.

[1003a26] 그러나 우리가 원리와 최고의 원인을 탐구하고 있으므로, 분명히 그것은 어떤 한 실재에 자체적으로 속하는 원리일 수밖에 없다. 그런데 '존재하는 것'의 원소를 탐구했던 사람들이 바로 이런 원리를 탐구했던 것이라

180) 산수학과 기하학, 천문학 등 수를 기초로 수행되는 수학 계통의 학문을 말함.

면, '존재하는 것'의 원소 역시 부대적인 의미의 원소가 아니라 '존재하는 것'으로서의 '존재하는 것'의 원소일 수밖에 없다. 그렇기 때문에 우리가 파악해야 할 제일가는 원인이라는 것도 '존재하는 것'으로서의 '존재하는 것'의 제일가는 원인이다.

제2장 실체를 다루는 학문은 '존재하는 것'으로서의 '존재하는 것'의 여러 성질도 다룬다

[1003a33] '존재하는 것'은 여러 가지 의미로 쓰이지만, 한 가지 것과 관련해서 그렇게 쓰이고, 어떤 한 실재와 관련해서 그렇게 쓰이는 것이지, 동음이의적(同音異義的)으로 그러는 게 아니다. '건강한 것'이라고 할 수 있는 것 모두가 건강과 관련해서 그렇게 불리는 것과 똑같다. 그러니까 어떤 것은 건강을 유지시켜 주는 것이기 때문에 그렇게 불리고, 어떤 것은 건강을 가져다주기 때문에, 어떤 것은 건강의 징후이기 때문에, 어떤 것은 건강을 받아들이는 것이기 때문에 그렇게 불리는 것이다. 마찬가지로 '의술적인 것'이라고 하는 것도 모두 의술과 관련해서 그렇게 불리는 것이다. 그러니까 어떤 것은 의술을 소유하고 있

기 때문에 그렇게 불리고, 어떤 것은 의술에 천부적 소질을 갖고 있기 때문에, 또 어떤 것은 의술의 작용이기 때문에 그렇게 불리는 것이다(이와 유사한 사례를 들자면 그 밖에도 얼마든지 있다). 마찬가지로 '존재하는 것' 역시 여러 가지 의미로 쓰이지만, 항상 하나의 원리와 관련해 그렇게 쓰인다. 그러니까 어떤 것은 실체이기 때문에 '존재하는 것'이라고 불리고, 어떤 것은 실체의 속성이기 때문에, 어떤 것은 실체로 나아가는 도정(道程)에 있는 것이기 때문에, 어떤 것은 실체의 소멸, 결핍, 성질이기 때문에, 어떤 것은 실체나 실체와 관련해서 '존재하는 것'이라고 불리는 것을 만들어 내는 것이거나 낳는 것이기 때문에, 또 그런 어떤 것이나 실체의 부정(否定)이기 때문에 그렇게 불리는 것이다. 그래서 우리는 존재하지 않는 것에 대해서조차 존재하지 않는 것'이다'라고 말한다. 그런데 '건강한 것'이라고 할 수 있는 모든 것에 대해 하나의 학문이 있듯이, 그 밖의 경우들에서도 마찬가지다. 하나의 의미에 입각해서 명명되는 것을 고찰하는 것만이 하나의 학문에 속하는 것이 아니라, 하나의 실재와 관련해서 명명되는 것을 고찰하는 것도 하나의 학문에 속하는 일이기 때문이다. 후자도 어떤 의미에서는 한 가지 의미에 입각해서 명명되는 것이기 때문이다. 그러므로 '존재하는 것'을 '존재하는 것'으로 놓고서 고찰하는 것도 분명히 하나의 학문이 하는 일이다. 그러나 어떤 경우든 학문의 주된 관심은 제일가는 것에 놓여 있다. 그 밖의 사물들이 의존해 있고 또 그것에 근거해서 그것들이 이름을 얻게 되는 어떤 것 말이다. 그래서 이런 제일가는 것이 실체라고 할진대, 실체의 원리와 원인을 파악하는 일이야말로 철학자가 해야 할 일일 것이다.

[1003b19] 그런데 사물의 각 유(類)에 감각이 하나만 있듯이 학문도 하나만 있다. 예를 들어 문법학은 하나의 학문으로서 모든 음성을 고찰한다. 그래서 '존재하는 것'으로서의 '존재하는 것'의 모든 종(種)을 고찰하는 일도 유(類)적으로 하나를 이루는 학문이 하는 일이고, ['존재하는 것'의] 종들을 고찰하는 일은 [그 학문의] 종[적 부분]들이 하는 일이다.

[1003b22] 그러면 '존재하는 것'과 '하나의 것'이 동일한 실재라고 가정해 보자. 물론 '원리'와 '원인'이 그러하듯이 그 둘이 항상 더불어 나타나는 한에서 그렇다는 말이다(그 둘이 동일한 개념으로 설명되는 한에서 그렇다는 게 아니다. 물론 동일하다는 것을 이런 의미로 이해한다고 하더라도 별 지장은 없다. 어쩌면 이렇게 이해하는 편이 우리 논의에는 훨씬 더 낫다. 왜냐하면 '하나의 인간'과 '존

재하는 인간'과 '인간'은 동일한 것이고, 또 그것을 겹쳐 놓고서 "그는 하나의 인간이다", "그는 하나의 존재하는 인간이다"라고 말하더라도 의미상 달라지는 것은 없기 때문이다. 확실히 그것들[181)]은 생성에서든 소멸에서든 서로 떼어 놓고서 생각할 수가 없다. '하나의 것'의 경우도 마찬가지다. 그래서 분명히 그런 표현에 무엇이 부가되더라도 동일한 것을 나타내고, '하나의 것'이 '존재하는 것'과 별개의 무엇을 의미하는 게 아니다. 또 각 사물의 실체가 하나 —부대적인 의미로 그런 것이 아니다—라고 가정해 보자. 또 그것이 바로 존재하는 것이라고 가정해 보자). 그러면 [이 모든 것으로부터 다음과 같은 점이 귀결되는데] '하나의 것'에 속하는 종의 수만큼 많은 종이 '존재하는 것'에도 있다. 이들 종의 '무엇임'[182)]을 고찰하는 것은 유적으로 하나를 이루는 학문이 하는 일이다. 여기서 내가 말하는 종이란 '동일한 것'과 '유사한 것'과 이런 부류의 다른 것들이다. 거의 모든 반대되는 것들도 이 원리[183)]로 환원될 수 있다. 이것들에 대해서는 우리가 《반대되는 것들 선

181) '존재하는 것'과 '인간'.

182) 본질.

183) '존재-비존재', '하나-여럿'의 대립.

집》[184]에서 충분히 고찰한 것으로 해 두자.

[1004a2] 또 실체[에 여러 가지 종류가 있는]만큼이나 많은 부문이 철학에도 있다. 그래서 그 가운데에는 제일가는 철학과 그 뒤를 따르는 철학이 있을 수밖에 없다. '존재하는 것'이 여러 유(類)를 바로 그 안에 갖고 있기 때문인데, 바로 그렇기 때문에 학문[의 분과]들 역시 이들 유에 준할 수밖에 없는 것이다. 철학자라는 명칭은 수학자라는 명칭과 그 용법에서 다르지 않기 때문이다. 수학에도 여러 부문이 있고, 수학의 영역에서도 제일가는 학문, 둘째가는 학문, 기타 그 뒤를 잇는 여러 학문이 있기 때문이다.[185]

[1004a9] 또 대립하는 것을 고찰하는 것은 하나의 학문이 하는 일이고, 하나와 대립하는 것은 여럿이다. '부정(否定)'이나 '결핍'을 고찰하는 것도 하나의 학문이 하는 일이다. 부정이나 결핍이 그것의 부정이고 그것의 결핍인 바로 그 '하나의 것'이 두 가지 방식으로 고찰되기 때문이다. 왜냐하면 우리는 단적으로 그 '하나의 것'이 존재하지 않는다고 말하거나, 아니면 그것이 특정한 유에는 속하지

184) 어떤 논구를 가리키는 것인지 확실치 않다. 어쨌든 현존하지 않는다.

185) 1004a2~9와 함께 제3권, 995b10~13, 997a15~25, 제6권 제1장 참조.

않는다고 말하는데, 후자의 경우는 '부정'에 포함되어 있는 것 외에 추가로 차이가 주어져 있기 때문이다. '부정'은 저 '하나의 것'의 부재(不在)일 뿐이지만, '결핍'에서는 기체에 해당하는 실재는 엄존하고 있고 다만 그것에 무엇이 결핍되어 있음이 서술되는 것일 뿐이기 때문이다. 요컨대 '하나의 것'과 대립하는 것은 '여럿'이므로, 앞서 언급한 것들과 대립하는 것－'상이한 것', '유사하지 않은 것', '동등하지 않은 것', 그 밖에 이것들과 관련해서 사용되거나 '여럿'이나 '하나의 것'과 관련해 사용되는 것들－을 인식하는 것 역시 앞서 언급한 학문이 하는 일이다. '반대성'도 그중 하나다. '반대성'은 '차이'의 일종이고, '차이'는 '상이성'의 일종이기 때문이다. 그래서 '하나의 것'이 여러 가지 의미로 사용되므로, 위에서 말한 것들[하나하나]도 여러 가지 의미로 사용될 테지만, 그럼에도 불구하고 그 모두를 인식하는 것은 하나의 학문이 하는 일이다. [개념의 다양한 의미를 다루는 일이] 서로 다른 여러 학문에 속하는 것은 개념들이 여러 가지 의미로 사용되어서가 아니라, 개념들이 하나의 의미에 입각해서 사용되거나 한 가지 것과 관련해 사용되지 않기 때문이다. 그러나 모든 것은 제일가는 것과 관련되어 있으므로, 예를 들어 '하나의 것'이라고 불리는 모든 것은 제일가는 '하나의 것'과 관련되어 있으므로, '동일한 것'과 '상이한 것' 및 [그 밖의 다른] '반대되는 것'들의 경우에서도 사정은 마찬가지라고 말하지 않을 수가 없다. 그래서 우선 무엇이 얼마나 많은 의미로 사용되는가를 구별하고, 그런 다음에는 서술에서 그것이 제일가는 것과 관련해서 어떤 식으로 사용되는가를 말해야 한다. 어떤 것은 제일가는 것을 갖고 있어서 그렇게 불리고, 어떤 것은 제일가는 것을 만들어 내기에 그렇게 불리고, 또 어떤 것은 그런 식의 다른 방식에 따라 그렇게 불리기 때문이다.

[1004a31] 그러므로 확실히 이러한 것에 대해서 논의하는 것과 실체에 대해서 논의하는 것은 하나의 학문에 속하는 일이다(이 점은 《문제집》에 열거된 문제들 중 하나였다[186]). 또 철학자란 모든 것을 고찰할 수 있어야 한다. 만약 그것이 철학자의 일이 아니라면, "소크라테스"와 "앉아 있는 소크라테스"는 같은 것인가, 한 가지 것에 반대되는 것은 한 가지뿐인가, 반대는 무엇이고, 반대는 얼마나 많은 의미로 사용되는가를 탐구하는 것[187]은 도대체 누가 하는 일이란 말인가. 이런 부류에 속하는 다른 물음들의

186) 《형이상학》 제3권, 995b18~27, 997a25~34 참조.

187) 《형이상학》 제10권 제4장 참조.

경우도 마찬가지다. 이러한 것은 자체적으로 '하나의 것'으로서의 '하나의 것'의 속성이고 '존재하는 것'으로서의 '존재하는 것'의 속성이지, 그것이 수(數)인 한에서의 속성이나 선(線)인 한에서의 속성 또는 불[火]인 한에서의 속성이 아니므로, 그것들의 본질과 속성을 인식하는 일은 분명히 저 학문[188]이 해야 할 일이다. 그리고 이 일에 종사하는 사람들이 범하는 잘못은 그들이 철학을 하지 않는 것이 아니라, 실체가 [저것들보다] 더 앞서는 것인데 실체에 대해서는 아무런 이해도 갖고 있지 않은 것이다. 또 수(數)에는 수로서의 수에 특유한 속성(예컨대 홀과 짝, 가측성[189]과 동등성, 과대와 과소)이 있고, 이런 속성을 수가 자체적으로뿐만 아니라 다른 수와의 관계 속에서도 갖듯이(마찬가지로 입체에도, 움직이지 않는 것과 움직이는 것에도, 무게가 없는 것과 무게가 있는 것에도 각기 다른 특유성이 있다), '존재하는 것'으로서의 '존재하는 것'에도 그 특유의 속성이 있는데, 그것에 대해 진리를 탐구하는 것은 철학자가 할 일이다. 그 증거는 이런 것이다. 변증가나 소피스트는 겉으로는 철학자와 다름이 없어 보인다.

188) 철학 또는 형이상학.

189) 같은 척도로 측정이 가능함을 말함.

소피스트술은 '지혜' 같으나 겉으로만 그럴 뿐이고, 변증가는 모든 것에 대해서 논하고, 그 모든 것에 공통적인 것은 존재하는 것이기 때문이다. 그들이 그것에 대해 논하는 것은 분명히 그것이 철학에 고유한 문제이기 때문이다. 소피스트술이나 변증술은 그것들이 관계하는 유(類)[190]가 철학과 동일하지만, 철학은 변증술과 능력을 사용하는 방식에서 다르고, 또 소피스트술과는 삶의 선택에서 다르기 때문이다. 변증술은 철학이 인식을 얻고자 하는 것과 관련해 그저 검토만 할 뿐이고, 소피스트술은 겉으로는 철학같이 보이지만 실상은 그렇지 않은 것이다.

[1004b27] 또 반대되는 것들의 [양 열에서] 한쪽 열은 '결핍'이고, 모든 것은 '존재하는 것'과 '존재하지 않는 것'으로, 그리고 '하나의 것'과 '여럿'으로 환원된다. 예를 들어 '고요'는 '하나의 것'에 속하고 '운동'은 '여럿'에 속한다. 또 거의 모든 사람은 존재하는 사물이나 실체가 반대되는 것들로 구성되어 있다는 데서 일치한다. 어쨌든 모든 사람은 [존재하는 사물이나 실체의] 원리로 반대되는 것을 들고 있다. 어떤 사람은 '홀'과 '짝'을 들고,[191] 어떤 사람은 '뜨거움'

190) 대상 영역.

191) 피타고라스학파 사람들.

과 '차가움'을,[192] 어떤 사람은 '한계'와 '무한'을,[193] 또 어떤 사람은 '사랑'과 '다툼'을[194] 들고 있다. 그 밖의 모든 [반대되는] 것들도 모두 확실히 '하나의 것'과 '여럿'으로 환원될 수 있을 텐데(이렇게 환원하는 것은 타당한 것이라고 해 두자), 다른 사람들이 든 여러 원리도 모두 그 유(類)로서의 '하나의 것'과 '여럿'에 포섭된다. 이로 미루어 보더라도, '존재하는 것'을 '존재하는 것'으로 놓고서 고찰하는 일이 하나의 학문이 해야 할 일임은 분명하다. 모든 사물은 반대되는 것이거나, 반대되는 것으로 이루어지는 것인데, 반대되는 것들의 원리는 결국 '하나의 것'과 '여럿'이기 때문이다. 그런데 이것들은 하나의 학문에 의해 연구되어야 할 대상들이다. 그것들이 하나의 의미에 입각해서 사용되든, 그럴 공산이 크지만, 그렇지 않든 간에 말이다. 그럼에도 불구하고, '하나의 것'이 여러 가지 의미로 쓰인다고 하더라도 다른 모든 '하나의 것'은 제일가는 '하나의 것'과 관련해서 그렇게 불리고, 반대되는 것들의 경우도 마찬가지다. '존재하는 것'이나 '하나의 것'이 보편적인 것도 아니고,

192) '억견의 길'에서의 파르메니데스.

193) 플라톤주의자들.

194) 엠페도클레스.

모든 개별적인 경우에서 동일한 것도 아니고, 아마도 그렇지 않겠지만, 분리되어 존재하는 것도 아니고, 오히려 어떤 것은 '하나의 것'과의 관계 속에서 그렇게[195] 불리고, 또 어떤 것은 연속되어 있기 때문에 그렇게 불린다고 할지라도 말이다. 그렇기 때문에 '반대되는 것', '완전한 것', '하나의 것', '존재하는 것', '동일한 것', '상이한 것'이란 무엇인가를 고찰하는 일은, [이것들을] 전제하고서 뭘 한다면 모를까, 기하학자가 하는 일이 아니다.

[1005a13] 이로써 분명하거니와, '존재하는 것'으로서의 '존재하는 것'을 고찰하고, '존재하는 것'으로서의 '존재하는 것'에 속하는 것을 고찰하는 일은 하나의 학문이 하는 일이며, 또 동일한 학문이 실체를 고찰할 뿐만 아니라 실체에 속하는 것, 즉 앞서 언급한 여러 개념과 '앞서다'와 '뒤에 오다', '유'와 '종', '전체'와 '부분' 및 이런 부류의 다른 여러 개념들까지 고찰한다.[196]

---

195) '존재하는 것' 또는 '하나의 것'이라고.

196) 1003b22~1005a18과 관련해서는 제3권, 995b18~27, 997a25~34 참조. 제2장 전체와 관련해서는 제11권 제3장 참조.

제3장 실체를 다루는 학문은 증명의 원리도 다룬다

[1005a19] 이제 우리가 말해야 할 것은, 수학에서 "공리"라고 불리는 것에 대해 다루는 일과 실체에 대해 다루는 일이 동일한 하나의 학문에 속하는 일인가, 아니면 각기 다른 학문에 속하는 일인가 하는 것이다. 분명히 동일한 하나의 학문, 즉 철학자의 학문이 이들 공리에 대한 탐구도 수행해야 한다. 왜냐하면 공리들은 존재하는 모든 사물에 적용되는 것으로서, 다른 사물과는 떨어져 있는 어떤 특정한 유에만 통용되는 것이 아니기 때문이다. 또 공리는 모든 사람이 사용하는 것이다. 그것이 '존재하는 것'으로서의 '존재하는 것'에 관계하고 각각의 유는 '존재하는 것'이기 때문이다. 그러나 모든 사람은 이들 공리를 단지 그들 각자에게 필요한 한도 내에서만, 즉 그들이 논증하려는 유가 미치는 범위 내에서만 사용한다. 그래서 공리가 '존재하는 것'으로서의 모든 사물에 적용되는 것이 분명하므로 —'존재하는 것'은 모든 사물에 공통적인 것이기 때문이다—, 이들 공리에 대한 고찰도 '존재하는 것'으로서의 '존재하는 것'에 대한 인식을 추구하는 사람이 해야 할 일이다. 그래서 부분적인 영역만을 탐구하는 사람은 그 어느 누구든 공리에 대해서 그것이 참인지 거짓인지

도무지 말하려고 하지를 않는다. 기하학자가 됐든 산술학자가 됐든 마찬가지다. 그래도 자연철학자 중 일부는 그런 일을 하는데, 그것은 충분히 이해가 간다. 그들은 그들만이 자연 전체에 대해서, 그리고 '존재하는 것'에 대해서 탐구를 한다고 믿었기 때문이다. 그러나 자연철학자보다 더 위에 있는 탐구자가 있으므로(자연이란 '존재하는 것'의 하나의 유에 불과하기 때문이다), 이들 공리를 탐구하는 일도 고찰하는 일을 보편적으로 수행하고 제일가는 실체에 대해 고찰하는 사람이 해야 마땅할 것이다. 자연철학도 '지혜'의 일종이긴 하지만, 제일가는 '지혜'는 아닌 것이다. [중략]

[1005b5] 이로써 추론의 원리를 탐구하는 일 역시 철학자－즉 모든 실체를, 본성적으로는 어떻게 되어 있는가에 비추어 고찰하는 사람－가 하는 일이라는 것은 분명해졌다. 그런데 어떤 한 사안에 대해 가장 확실한 원리를 말할 수 있는 사람은 해당 유에 대해 최고 수준의 인식을 갖고 있는 사람이다. 따라서 모든 것에 대해 가장 확실한 원리를 말할 수 있는 사람은 '존재하는 것'으로서의 '존재하는 것'에 대한 인식을 갖고 있는 사람이다. 철학자가 바로 그런 사람이다. 그리고 모든 것에 대해 가장 확실한 원리는 그것에 대해서 그 누구도 오류를 범하는 일이 있을 수 없

는 그런 것이다. 왜냐하면 그런 원리는 한편으로는 반드시 가장 잘 알려진 것이어야 하고(모든 사람이 오류를 범하는 것은 그들이 알고 있지 못한 것에 대해서이기 때문이다), 그와 동시에 다른 한편으로는 그저 가정된 것일 뿐인 것이 아니어야 하기 때문이다. 어떤 것이든 존재하는 사물에 대해 이해를 얻으려는 사람이 반드시 알고 있어야 하는 원리는 가정일 뿐인 것이 아니기 때문이다. 그리고 무엇이 되었든 어떤 것에 대해 알려는 사람이 알고 있어야 하는 것이 있는데, 바로 그런 앎을 그는 사전에[197] 갖고 있어야 하기 때문이다.

[1005b17] 이로써 그런 식의 원리가 모든 원리 가운데서 가장 확실한 원리임이 분명해졌다. 그러면 이제 어떤 것이 그런 원리인지 말해 보자. 동일한 것이 동시에, 그리고 동일한 관계 속에서(이 밖에 한층 상세한 조건이 있다면 덧붙임으로써 논리적인 트집 잡기에 대처할 수 있을 것이다), 동일한 것에 속하고 또 속하지 않는다는 것은 불가능하다. 이것이 바로 모든 원리 중에서 가장 확실한 원리다. 위에서 말한 특징을 구비하고 있기 때문이다. [후략]

197) '특정 연구에 들어가기에 앞서'의 의미.

제7장 배중률

[1011b23] 또 모순 관계에 있는 [두 가지] 것 사이에는 그 어떤 중간 것도 있을 수 없고, 우리는 반드시 각 사물에 대해 각 규정을 긍정하든가 부정하든가 둘 중 어느 하나여야 한다. 이것은 우선 "참"이 무엇이고 "거짓"이 무엇인지 정의하면 명백해진다. 존재하는 것을 존재하지 않는다고 말하고, 존재하지 않는 것을 존재한다고 말하는 것은 거짓이고, 존재하는 것을 존재한다고 말하거나 존재하지 않는 것을 존재하지 않는다고 말하는 것은 참이다. 그래서 무엇인가가 존재한다거나 존재하지 않는다고 말하는 사람은 참을 말하든가 거짓을 말하든가 둘 중 하나다. 그러나 [배중률을 부정하게 되면] 존재하지 않는 것이나 존재하는 것에 대해, 그것이 존재하지 않는다고 말할 수도 없고 존재한다고 말할 수도 없게 된다.[198] [후략]

---

198) 이것은 모순 관계에 있는 것들 사이에 중간적인 것이 있다고 주장하는 사람들이 취하는 입장이다. 결국 그런 식의 언명은 참도 아니고 거짓도 아니게 되는데, 이것은 불합리하다.

제6권

제1장 신학으로서의 제일철학

[1025b3] 우리가 탐구하고 있는 것은 '존재하는 것'의 원리와 원인이다. '존재하는 것'인 한에서의 '존재하는 것'의 원리와 원인 말이다. [몸이] 건강하고 좋은 컨디션을 유지하는 데에는 [그럴 만한] 원인이 있고, 수학의 대상이 되는 것들에는 원리와 원소와 원인이 있고, 일반적으로 추론에 기초해 있거나 추론과 무관치 않은 모든 학문은, 보다 엄밀한 의미의 원인과 원리든 보다 단순한 의미의 원인과 원리든, 원인과 원리를 다루기 때문이다. 그러나 그 모든 학문은 어떤 특정의[199] '존재하는 것'과 어떤 특정의 유(類)를 한정해 놓고서 그것을 다룰 뿐, 단적으로 '존재하는 것'과 '존재하는 것'으로서의 '존재하는 것'에 대해서는 다루지 않는다. 또 그 학문들은 '무엇임'[200]에 대해서는 아

199) 여기서 '특정의'란 '어떤 한 유에 속하는'을 뜻하는 말로서 '단적인'과 반대되는 것이지, '보편'과 반대 관계에 있는 '특수'를 뜻하는 말이 아니다.

200) 본질.

무런 설명도 하지 않고, 그것에서부터 출발해 추론을 하는데, 어떤 학문은 감각을 매개로 그것을 명확하게 하고, 어떤 학문은 그것을 전제로 상정한다. 이런 식으로 학문들은 자신들이 다루는 유의 본질적 속성을 보다 확실하게 논증하거나 보다 엉성하게 논증한다. 그래서 실체, 즉 '무엇임'을 논증하는 일은 분명히 그런 식의 귀납을 통해서는 이뤄지지 않고, 다른 식의 설명이 필요하다. 마찬가지로 그 학문들은 자신들이 다루는 유가 존재하는지 아닌지에 대해서도 조금도 언급하지 않는다. 그것의 '무엇임'을 명확하게 하는 일과 그것의 존재 여부를 명확하게 하는 일은 동일한 사고 활동이기 때문이다.

[1025b18] 자연학 역시 어떤 특정한 유의 '존재하는 것'을 대상으로 하는 학문이므로(그것은 운동과 정지의 원리를 자기 자신 안에 갖고 있는 실체를 대상으로 하는 학문이다), 그것이 실천적 학문도 아니고 제작적 학문도 아님이 분명하다(제작된 사물의 원리는, 이성으로서든 기술이나 그런 어떤 능력으로서든, 제작자에 있고, 행동을 통해 실현된 것의 원리는, 결단이 곧 그것인바, 행동하는 자에게 있기 때문이다. 행동을 통해 실현되는 것과 결단의 대상은 동일하기 때문이다). 그래서 모든 사고가 실천적이거나 제작적이거나 이론적이거나 그중 어느 하나라고 하

면, 자연학은 확실히 이론적 학문이다. 그러나 그것은 운동을 할 수 있는 '존재하는 것'을 다루는 이론적인 학문이고, 대개의 경우 [질료와] 분리될 수 없는, 개념 규정의 대상이 되는 실체를 다루는 이론적인 학문인 것이다. 그러나 본질과 개념 규정이 어떤 식으로 존재하는지가 감춰진 채로 있어서는 안 된다. 이것을 모르면 우리의 탐구도 허사가 되기 때문이다.

[1025b30] 정의되는 것, 즉 본질 중에서 일부는 '들창(코)'[라는 개념]과 같은 사정에 있고, 일부는 '오목함'[이라는 개념]과 같은 사정에 있다. 이 둘의 차이는, '들창(코)'은 질료와 결합되어 있는 것이고('들창(코)'는 오목 팬 코이기 때문이다), '오목함'은 감각적 질료가 없이 있는 것이다. 만약 모든 자연물, 예를 들어 코, 눈, 얼굴, 살, 뼈, 일반적으로 [말해서] 동물이나, 잎, 뿌리, 껍질, 일반적으로 [말해서] 식물(이것들 중 그 어떤 것이든 그 개념에 운동이 포함되지 않은 것이 없고, 또 항상 질료를 갖고 있기 때문이다)이 '들창(코)' 같은 식으로 서술된다면, 자연물의 본질을 어떻게 탐구하고 정의해야 할지는 분명하며, 또 왜 자연학자가 특정한 [종류의] 영혼에 대해, 즉 질료 없이는 존재할 수 없는 영혼에 대해 탐구해야 하는지도 분명하다.

[1026a6] 이로써 자연학이 이론적 학문임이 분명하다.

그러나 수학 역시 이론적 학문이다. 그러나 그것이 움직이지 않으면서 분리되어 존재하는 사물을 다루는 것인지는 현재로서는 불분명하지만, 그것이 탐구 대상 중 일부를 움직이지 않는 것으로 고찰하고 분리되어 존재하는 것으로 고찰한다는 것만큼은 분명하다. 그러나 영원하고 움직이지 않고 분리되어 존재하는 어떤 것이 존재한다면, 그것을 인식하는 일이 이론적 학문이 해야 할 일이라는 것은 명백하다. 그러나 그것은 확실히 자연학이 해야 할 일은 아니다(자연학은 움직이는 대상을 다루기 때문이다). 그것은 수학이 할 일도 아니다. 그것은 이들 양자에 앞서는 어느 한 학문이 할 일이다. 왜냐하면 자연학은 분리되어 존재하지만 움직이는 대상을 다루고, 수학에서 어떤 부문은 움직이지는 않지만 아마도 분리되어 존재하지 않고 오히려 질료에 구현(具現)되어 있는 대상을 다루기 때문이다. 그러나 제일철학은 분리되어 존재하기도 하고 움직이지도 않는 대상을 다루기 때문이다. 모든 [제일가는] 원인은 영원한 것이어야 하지만, 특히 그런 것은 이것[201]이다. 이것은 신적인 것 중 눈으로 볼 수 있는 [부분의] 원인이기 때문이다.[202] 그래서 세 가지 이론적 철학, 즉 수학, 자연

201) 제일철학의 대상을 이루는 것.

학, 신학이 존재하는 셈이다. 만약 신적인 것이 있다면 그것은 그런 유의 실재 안에 존재할 게 분명하고, 지위가 가장 높은 것[203]은 지위가 가장 높은 유(類)를 대상으로 해야 하기 때문이다.

[1026a22] 그래서 이론적 학문은 다른 여러 학문보다 선호되어야 하고, 이론적 학문 중에서는 [지위가 가장 높은] 이 학문이 선호되어야 한다. 누군가가 제일철학은 보편적인 학문인가, 아니면 어떤 특정한 유와 어떤 단일의 실재를 대상으로 하는 학문인가, 하고 물을 수도 있기 때문이다(수학에 속하는 여러 학문에서도 [묻는] 방식이 동일하지 않기 때문이다. 기하학과 천문학은 각기 특수한 실재를 대상으로 하지만, 보편적인 [수]학은 모든 부문에 공통적이기 때문이다). 만약 자연적으로 존립하는 실체 외에는 어떤 다른 실체도 존재하지 않는다면, 자연학이 제일가는 학문일 것이다. 그러나 만약 움직이지 않는 실체가 있다면, 이것[을 다루는 학문]이 앞서는 것이고, [이것이] 제일철학이다. 또 그것은 제일가는 것이라는 의미에서 보편적이다. 그리고 '존재하는 것'으로서의 '존재하는

---

202) 천체들의 운동을 일으킨다는 말이다.

203) 철학.

것'을 고찰하는 일, 즉 그것의 '그것 됨'과 그것이 '존재하는 것'인 한에서 '존재하는 것'에 속하는 속성을 고찰하는 일은 모두 그것[204]이 해야 할 일일 터이다.

제2장 '존재하는 것'의 네 가지 의미. 부대적인 것을 대상으로 하는 학문은 존재하지 않는다

[1026a33] 그러나 '존재하는 것'이 단적으로 사용되면 여러 가지 의미를 가지므로 — 그 한 의미는 부대적인 것이었고,[205] 또 한 의미는 '참'을 뜻하는 '존재하는 것'과 '거짓'을 뜻하는 '존재하지 않는 것'이었으며, 그 외에도 서술의 여러 형식(예를 들면 어떤 것은 [어떤 것의] '무엇임'을 의미하고, 어떤 것은 성질을, 분량을, 장소를, 시간을, 그리고 그 밖에 '존재하는 것'이 그런 식으로 나타내는 것을 가리킨다)이 있고, 이 모든 것 외에도 '잠세태[에 있음]' 또는 '활성태[에 있음]'를 뜻하는 '존재하는 것'이 있다 —, 이렇게 '존재하는 것'이 여러 가지 의미로 사용되므로, 우선 부

---

204) 제일철학.

205) 《형이상학》 제5권 제7장, 1017a7~22를 가리킨다.

대적인 것에 대해 그것을 대상으로 하는 학적 고찰은 없다고 말하지 않으면 안 된다. 그 증거는 이것이다. 즉 어떤 학문도, 실천적 학문이든 제작적 학문이든 이론적 학문이든 가릴 것 없이, 부대적인 것에 관심을 갖지 않는다는 것이다. 왜냐하면 집을 짓는다고 해서 집을 짓는 사람이 집이 만들어짐과 동시에 부대적으로 발생하는 모든 것까지 만들지는 않기 때문이다(그런 것은 무한히 많기 때문이다. 지어진 집이 어떤 사람에게는 얼마든지 쾌적할 수 있고, 어떤 사람에게는 해가 될 수 있고, 또 어떤 사람에게는 유용할 수 있기 때문이다. 말하자면 그 집은 다른 모든 것과 얼마든지 다를 수 있기 때문이다. 그러나 이 모든 것을 있게 하는 것[206]은 건축술이 아닌 것이다). 마찬가지로 기하학자 역시 이렇게 기하학적 도형에 부대적으로 발생하는 것을 고찰하지 않으며, "삼각형"과 "내각의 합이 2직각인 삼각형"이 서로 다른 것인가도 고찰하지 않는다. 그것은 당연한 일인 것이다. 부대적으로 발생하는 것은 단지 이름[만 있는 것일]뿐이기 때문이다. 그래서 플라톤[207]이 소피스트술을 '존재하지 않는 것'을 대상으로 하는 것으로

206) 원인.

207) 《소피스트》 237a, 254a 참조.

분류한 것도 어떤 의미에서는 부당하지 않다.[208] 소피스트들의 논의는, 말하자면 거의 모든 논의가 그렇거니와, 부대적인 것과 관련되어 있기 때문이다. '교양 있다'와 '어학에 능하다'가 다른 것인가 같은 것인가[의 논증],[209] '교양 있는 코리스코스'와 '코리스코스'가 다른 것인가 같은 것인가[의 논증],[210] 현재 존재하긴 하지만 그렇다고 항상

---

208) 아리스토텔레스에 따르면, 소피스트술은 부대적인 것을 다루는데, 부대적인 것은 존재하지 않는 것이다. 그러나 플라톤에 따르면, 소피스트들이 존재하지 않는 것에 몰두하긴 하는데, 이때 존재하지 않는 것이란 부대적인 것이 아니라 거짓을 의미한다. 《소피스트》 235a, 239c 참조.

209) '어학에 능하다(grammatikos)'란 '읽고 쓸 줄 안다'를 의미함. 알렉산드로스에 따르면, 소피스트들의 논증은 다음과 같은 식이다. 소크라테스는 어학에 능하다. 그러므로 어학에 능한 소크라테스는 소크라테스와 동일인이다. 소크라테스는 교양 있다. 그러므로 교양 있는 소크라테스는 소크라테스와 동일인이다. 그러므로 교양 있는 소크라테스는 어학에 능한 소크라테스와 동일인이다. 그러므로 교양 있는 것은 어학에 능한 것과 동일한 것이다. 그렇다면 어학에 능한 것이 있는 곳에 교양 있는 것이 있게 될 것이다. 그러나 아리스타르코스는 어학에 능하지만 교양 있지는 않다. 그러므로 어학에 능한 것은 교양 있는 것과 동일한 것이 아니다. 이에 대해서는 로스(W. D. Ross), I, 359 참조.

210) 소피스트들의 논의 방식은 이런 것이다. 코리스코스가 교양 있는 코리스코스와 동일인이면, 그는 교양 있는 교양 있는 코리스코스와 동일인이 되고, 계속 이런 식으로 무한히 나아가게 된다. 《소피스트 논박》 173a34 참조.

존재하는 것이 아닌 것은 모두 생성된 것이어서, 만약 교양 있는 어떤 사람이 어학에 능하게 되었다면, 어학에 능한 그가 교양 있게 된 것인가[의 논증],211) 그리고 이런 식의 다른 논증이 그런 예다. 분명히 부대적인 것은 '존재하지 않는 것'에 가까운 것이기 때문이다. 그것은 다음과 같은 논의를 보더라도 명백하다. 즉 다른 의미에서 '존재하는' 것에는 생성과 소멸[의 과정]이 있지만, 부대적으로 '존재하는' 것에는 그런 것이 없다.212)

[1026b24] 그렇더라도 가능한 범위 내에서 부대적인 것

---

211) 소피스트들은, 현재 그렇긴 하지만 항상 그렇지는 않았던 것은 생성된 것이라는 자연스런 견해에, 다음과 같은 귀류법을 써서 반대했던 것 같다(W. D. Ross, I, 358 참조). 교양 있는 어떤 사람이 어학에 능하게 되었다면, 교양 있는 그는 어학에 능한 것이다. 또 그렇다면, 어학에 능한 그는 교양 있는 것이다. 그러나 어학에 능한 그가 항상 교양이 있었던 것은 아니다. 현재 그렇긴 하지만 항상 그렇지는 않았던 것은 생성된 것일 수밖에 없다면, 어학에 능한 그는 교양 있게 된 것이다. 다시 말해서 그는 교양 있는 사람이기 이전에 어학에 능한 사람이었을 수밖에 없으며 또 어학에 능한 사람이기 이전에 교양 있는 사람이었을 수밖에 없다. 그런데 이것은 불합리하다.

212) 생성과 변화의 과정이 주체에서 일어난다는 말이다. 부대적으로 교양 있는 사람이 어학에 능하게 된다. 그 과정이 끝나면 '교양 있다는 것'은 곧 부대적으로 어학에 능한 것이게 된다. 그러나 그것('교양 있다는 것')이 그렇게 '생성'되는 것은 아니다.

에 대해 그 본성은 무엇이고 또 어떻게 해서 그것이 존립하는 것인지를 말하지 않으면 안 된다. [그렇게 하게 되면] 그와 동시에 아마도, 어찌하여 그것에 대해서는 학문이 존재하지 않는지도 분명해질 수 있을 것이기 때문이다.

[1026b27] 사물들 가운데서 어떤 것은 항상 같은 양태를 취하고 필연적으로(강제적이라는 의미로 필연적인 게 아니라[213] 다른 식으로는 있을 수 없다는 의미에서 필연적이라는 말이다) 존재하고, 또 어떤 것은 필연적으로 존재하지도 않고 항상 존재하지도 않지만, 그래도 대개의 경우 존재하기 때문인데, 이것이 바로 부대적인 것이 존재하는 데 대한 원리이고 원인이다. 항상 존재하는 것도 아니고 대개의 경우 존재하는 것도 아닌 것을 두고서 우리는 부대적으로 존재한다고 말하기 때문이다. 예를 들어 한여름에[214] 폭풍우가 몰아치거나 한파가 밀려오면 이것을 우리는 부대적인 일이라고 말하지만, 무더위와 폭염이 계속될 때는 그렇게 말하지 않는다. 후자는 [한여름이면] 항상 있는 일이거나 대개의 경우 있는 일이지만, 전자는 그렇지 않기 때문이다. 또 인간[의 피부색]이 하얀 것은 부대적인

213) 《형이상학》 제5권 제5장 참조.

214) 7월 3일에서 8월 11일까지의 기간을 말함.

것이지만(항상 그런 것도 아니고 대개의 경우 그런 것도 아니기 때문이다), 그가 동물인 것은 부대적인 것이 아니다. 또 건축가가 병을 고치는 것은 부대적인 일이다. 그것은 건축가 본연의 일이 아니라 의사 본연의 일로서, 그 건축가가 의사인 것은[215] 그 건축가에게 부대적인 일이기 때문이다. 또 요리사가 미식(美食) 제공을 목표로 요리를 하면서도 누군가의 건강을 도울 수 있지만 그것은 그의 요리술에 힘입은 일이 아니다. 그래서 우리는, 그것은 부대적으로 일어난 일이고, 어떤 의미에서는 그가 건강을 생기게 했지만 단적으로 그런 것은 아니라고 말한다. 다른 것들에는 [때때로] 그것들을 만들어 내는 능력이 존재하지만, 부대적인 것들에는 어떤 특정한 기술이나 능력도 존재하지 않기 때문이다. 부대적으로 존재하거나 생성되는 것은 그 원인 역시 부대적이기 때문이다. 그래서 모든 것이 다 필연적으로 존재하거나 생성되는 게 아니고 모든 것이 다 항상 존재하거나 생성되는 게 아니라, 대부분의 것이 대개 그렇기 때문에, 부대적인 것이 존재하는 것도 필연적이다. 예를 들어, [피부가] 하얀 사람이라고 해서 항상 교양 있는 것도 아니고 대개의 경우 교양 있는 것도 아니지

215) '그 건축가가 병을 고치는 것은'의 의미.

만, 그가 교양 있게 된다면, 그것은 부대적으로 그러는 것이다(그렇지 않다면 모든 것이 다 필연적이게 될 것이다). 그러므로 대개의 경우 존재하는 데서 벗어나 다른 양태를 취할 수 있는 질료야말로 부대적인 것의 원인이다. 그러나 우리가 출발점으로 삼아야 할 물음은 이런 것이다. 즉 항상 있는 것도 아니고 대개의 경우 있는 것도 아닌 그런 사물은 정말 존재하지 않는 것인가, 아니면 그럴 수는 없는 것인가? 이런 두 가지 것 외에도 우연적으로 일어나는 것과 부대적인 것이 있는 것이다. 그러나 대개의 경우 있다고 할 수 있는 사물은 존재하지만, 항상 있다고 할 수 있는 사물은 존재하지 않는 것인가, 아니면 영원한 것도 존재하는 것인가? 이에 대해서는 나중에[216] 검토해야겠지만, 부대적인 것을 대상으로 하는 학문이 없다는 점만은 명백하다. 학문이란 모두 항상 존재하는 사물이거나 대개의 경우 존재하는 사물을 대상으로 하는 것이기 때문이다. 그렇지 않다면 어떻게 그것을 배우겠으며 또 어떻게 그것을 다른 사람에게 가르치겠는가 말이다. 그것[217]은 항상 존재하거나 대개의 경우 존재하는 것으로 정해진 것

216) 《형이상학》 제12권 제6장~제8장 참조.

217) 학문의 대상이 되는 것.

이어야 하기 때문이다. 예를 들어, 꿀물이 열병에 걸린 환자에게 대개의 경우 효과가 있다는 식으로 말이다. 여기서 벗어나는 것은 [의사가] 말할 수 없다. 이를테면 그것이 언제 효과가 없는지는 말할 수가 없는 것이다. 예를 들어, 초승달이 떴을 때는 효과가 없다, 이렇게는 말할 수가 없다는 말이다. 그렇지 않으면 '초승달이 떴을 때[효과가 없다]'라는 규정 역시 항상 효력을 갖는 것이거나 대개의 경우 효력을 갖는 것이어야 할 것이기 때문이다. 그러나 부대적인 것은 항상 효력이 있거나 대개의 경우 효력이 있는 것 외부에 있는 것이다. 이로써 부대적인 것이란 무엇이고 어떤 이유에서 그런 것이 존재하는 것인지와, 그런 것을 대상으로 하는 학문은 없다는 것이 얘기되었다. [후략]

제4장 참이라는 의미의 '존재하는 것'

[1027b17] 그러면 부대적으로 존재하는 것은 제쳐 놓자. 충분히 규정되었기 때문이다. 그러면 '참'을 의미하는 '존재하는 것'과 '거짓'을 의미하는 '존재하지 않는 것'의 경우를 보자. 그것은 결합[218]과 분리[219]와 관련되어 있고, 양쪽 모두 모순 관계에 있는 부분들을 배치하는 일과 관련

되어 있으므로(참은 [사안에서] 결합되어 있는 것은 긍정하고 분리되어 있는 것은 부정하는 것인데 비해, 거짓은 바로 이러한 배치와 반대되는 것이기 때문이다. 그러나 어떻게 함께 있다고 생각하고 분리되어 있다고 생각하는 일이 있을 수 있는 것이냐는 별개의 물음이다. 여기서 '함께'와 '분리되어'로써 내가 염두에 두고 있는 것은 [규정들이] 연이어 사고되는 것이 아니라 하나의 일체를 이루는 것이다.[220] '거짓'과 '참'은 사물 안에 존재하는 — 예를 들어, 좋음은 참이고 나쁨은 물어볼 필요도 없이 거짓인 — 것이 아니라 사고 속에 존재하고, 단적인 것과 '무엇임'과 관련해서는 [거짓과 참이] 사고 속에조차 존재하지 않기 때문이다. 이런 의미로 '존재하는 것'과 '존재하지 않는 것'과 관련해 무엇이 탐구되어야 할 것인가에 대해서는 나중에[221] 고찰하도록 하자.

---

218) 긍정을 의미함.

219) 부정을 의미함.

220) '분리되어'를 위해 "또는 하나를 이루고 있는 것으로 생각하는 것을 염두에 두고 있는 것이 아니라 연달아 있는 것으로 생각하는 것을 염두에 두고 있다"를 덧붙여 읽는 편이 좋다. 제7권 제12장 참조. 달리 표현하면, 연이어 사고되는가 사고되지 않는가가 아니라, 하나의 일체를 이루는 것인가 아닌가라는 것이다.

[1027b29] 그러나 연결과 분리가 사고 안에서 이뤄지는 것이지 사물 안에 존재하는 것이 아니고, 이런 의미로[222] '존재하는 것'은 본래적인 의미로 '존재하는 것'과 다른 것이므로(왜냐하면 '무엇임'을 [어떤 한 주체와] 결합시키거나 [어떤 한 주체에서] 분리시키고, 특정한 성질이나 크기나 그 밖의 다른 어떤 범주를 [그 주체와] 결합시키거나 분리시키는 것은 사고가 하는 일이기 때문이다), 부대적인 것을 의미하는 '존재하는 것'과 참을 의미하는 '존재하는 것'은 배제할 수 있다. 부대적인 것은 무규정적이기 때문이고, 참은 사고의 양태이기 때문이다. 두 가지 것 모두 다른 유의 '존재하는 것'과 관련되어 있고, [범주] 바깥에서 맞닥뜨릴 수 있는 객관적 실재를 지시하는 것이 아니기 때문이다. 그러니까 이들 두 의미는 제쳐 놓고, '존재하는 것'인 한에서의 '존재하는 것' 자체의 원인과 원리를 탐구하도록 하자(그러나 '존재하는 것'이 여러 가지 의미로 사용된다는 것은 각 단어가 얼마나 많은 의미로 사용되는가 하는 물음을 위해 우리가 구별했던 것을 보면 분명하다).[223]

221) 《형이상학》 제9권 제10장 참조.

222) 참이라는 의미로.

223) 제2장~제4장과 관련해서는 《형이상학》 제11권, 1064b15~1065a26 참조. 이 마지막 문장은 다음 권과의 연결을 매끄럽게 할 요량으로 첨가된 후대의 가필로 보이나 옹색하다.

제7권

제1장 제일가는 '존재하는 것'으로서의 실체. '존재하는 것'에 대한 물음은 실체에 대한 물음이다

[1028a10] '존재하는 것'은 여러 가지 의미로 사용되거니와, 그것을 우리는 앞서 여러 가지 의미들의 가짓수에 관한 논의에서 구별한 바 있다.[224] '존재하는 것'은 한편으로는 '무엇임'과 '이것'[225]을 의미하고, 다른 한편으로는 성질이나 분량, 또는 그런 식으로 술어가 되는 것 중 어느 하나를 의미하기 때문이다. 그러나 '존재하는 것'이 이처럼 일정한 수의 여러 가지 의미로 사용되긴 하지만, 그 가운데서 제일가는 [의미로] '존재하는 것'은 분명히 '무엇임'이고, 이것은 실체를 의미한다(이 사물은 어떤 성질을 띠고 있느냐고 할 때, '좋다'거나 '나쁘다'고 말하지, '석 자 길이'라든가 '사람'이라고는 말하지 않기 때문이다. 그러나 그것은 무엇이냐고 할 때는 하얗다거나 뜨겁다거나 석 자

---

224) 《형이상학》 제5권 제7장 참조.

225) 특정의 어떤 것.

길이라고 말하지 않고, 인간이라든가 신이라고 말하기 때문이다). 그 밖의 다른 규정들이 '존재하는 것'이라고 불리는 것은, 그것들이 저런 의미로 '존재하는 것'의 분량을 나타내고 성질을 나타내고 상태를 나타내고, 이런 부류의 다른 어떤 것을 나타내기 때문이다.

[1028a20] 그래서 '걸어가다', '건강하다', '앉아 있다'가 각각 '존재하는' 것인지 '존재하지 않는' 것인지 물을 수 있을 것이고, 그런 부류의 다른 모든 것도 마찬가지다. 왜냐하면 그것들 각각은 자체적으로 존재하는 것이 아니고, 실체에서 분리될 수 있는 것이 아니기 때문이다. 도대체 뭔가가 있다면 '존재하는 것' 축에 드는 것은 오히려 '걸어감', '앉아 있음', '건강함'이다. [정말로] '존재하는 것'같이 보이는 것은 오히려 이것들이다. 이것들은 특정한 기체를 갖고 있고, 이 기체는 이런 부류의 서술에서 가시적으로 드러나기 때문이다. '좋음'이니 '앉아 있음'이니 하는 것은 이 기체 없이는 얘기되지 않기 때문이다. 그래서 분명히 이것[226]에 의해 그 밖의 다른 것들도 각각 '존재하는 것'이게 된다. 따라서 제일가는 의미에서 '존재하는 것', 즉 특정의 어떤 것으로 '존재하는 것'이 아니라 단적으로 '존재하는

---

226) 실체.

것'은 곧 실체일 것이다.

[1028a31] 그런데 '제일가는'이라는 말 역시 여러 가지 의미로 사용된다. 그럼에도 불구하고 실체는 모든 의미에서 제일가는 것이다. 개념적으로나 인식의 면에서나 시간상으로나 말이다. 그 밖의 다른 범주적 규정들은 그 어느 것이든 독립해 있을 수 없지만 그것만은 그럴 수 있기 때문이다. 개념상으로도 그것은 제일가는 것이다(각 사물의 개념에는 필연적으로 그 실체의 개념이 포함되어야 하기 때문이다). 또 우리가 각각의 것을 가장 잘 알고 있다고 생각하는 것은 인간이란 무엇이고 불[火]이란 무엇인가를 알 때인 것이다. 우리가 그 성질을 알거나 분량을 알거나 장소를 알 때보다 그 각각을 더 잘 아는 것이다(우리가 이것들 각각[227]을 아는 것도 분량이란 무엇이고 성질이란 무엇인가를 알고 난 연후의 일인 것이다).

[1028b2] 그래서 예나 지금이나 변함없이 탐구되지만 항상 난관에 봉착하는, '존재하는 것'이란 무엇이냐는 물음은 실체란 무엇이냐는 물음에 다름 아니다(이에 대해 어떤 사람들[228]은 '하나'라고 말하고, 다른 사람들은 하나

227) 개별적 성질, 분량, 장소 등을 말함.

228) 밀레토스학파와 엘레아학파 사람들.

보다 많이 있다고 말하는가 하면, 어떤 사람들[229]은 [수적으로] 한정되어 있다고 말하고, 다른 사람들[230]은 무한히 많이 있다고 하기 때문이다). 그래서 우리 역시 이런 의미로 '존재하는 것'이 무엇인지를 가장 주된 문제로, 제일 먼저, 거의 그것만 다룬다고 할 정도로 탐구해야 한다.

제2장 실체에 관한 여러 가지 견해

[1028b8] 일반적으로 실체는 가장 뚜렷한 형태로 물체에 속한다고 여겨진다. 그래서 우리는 동물이나 식물 또는 이들 각 부분을 실체라고 말하고, 자연적 물체들,[231] 이를테면 불, 물, 흙, 이러한 부류의 모든 것을, 또 이것들의 부분을 이루거나 이것들로 이루어진 것(이것들 일부로 이루어진 것이든 이것들 전부로 이루어진 것이든), 예를 들어 눈에 보이는 우주와 그 부분인 별, 달, 태양을 실체라고 말한다. 그러나 우리는 이것들만 실체인지, 다른 실체

229) 피타고라스학파 사람들과 엠페도클레스.

230) 아낙사고라스와 원자론자들.

231) 원소들.

도 있는 것인지, 이것들 중 일부만 실체인지, 그 밖의 다른 것들 중에도 실체가 있는 것인지, 이것들은 어느 것이든 실체가 아니고 실체는 따로 있는 것인지, 이런 것을 탐구해야 한다. 어떤 사람들[232]은, 물체의 한계, 이를테면 면이나 선이나 점이나 단위가 실체이고, 이것들의 실체인 정도가 물체나 입체[가 실체인 정도]보다 더 높다고 생각한다.

[1028b18] 또 어떤 사람들[233]은 감각적인 사물 외에는 그런 부류가 존재하지 않는다고 생각하는 데 비해, 어떤 사람들은 수도 더 많고 존재하는 정도가 더 높은 영원한 것들이 있다고 생각한다. 예를 들어, 플라톤은 이데아와 수학의 대상들을 실체의 두 부류로 간주하고, 제3의 것으로는 감각적 사물이라는 실체를 든다.[234] 그러나 스페우시포스[235]는 '하나'에서 시작해 훨씬 더 많은 부류의 실체를 상정하고, 이들 각 실체에 각기 다른 원리를 내세운다.

---

232) 피타고라스학파 사람들.

233) 이오니아학파 사람들.

234) 《형이상학》 제1권, 987b14 참조.

235) 스페우시포스는 플라톤의 조카이자 아카데미아의 수장(首長) 자리를 이어받은 사람으로서 피타고라스주의에 아주 가까운 입장을 취했다.

수에는 이런 원리를, 공간적 크기에는 저런 원리를, 영혼에는 또 다른 원리를 내세우는 식이다. 이런 식으로 그는 실체[의 가짓수]를 늘려 나간다.[236] 또 어떤 사람들[237]은, 이데아와 수들은 본성이 동일하고, 그것들 다음에는 그 밖의 다른 것－선과 면－이 이어져, 눈에 보이는 우주의 실체와 감각적 대상들에까지 이른다고 말한다.

[1028b27] 그러면 이러한 견해들에 대해서 어느 것이 옳고 어느 것이 옳지 않은지, 또 어떤 실체가 존재하는지, 또 감각적인 실체 외에 어떤 다른 실체가 있는지 없는지, 또 이들 [감각적인] 실체들은 어떤 식으로 존재하는지, 또 감각적인 실체 외에 독립적으로 존재하는 실체가 있는지 없는지, [있다면] 왜 있으며 또 어떻게 있는지가 탐구되어야 한다. [그러려면] 우선 실체가 무엇인지부터 개략적으로 말해 둬야 한다.

---

236) 《형이상학》 제12권, 1075b37, 제13권, 1076a21, 1080b14, 제14권, 1090b19, 1091a34 참조.

237) 스페우시포스의 뒤를 이은 크세노크라테스의 추종자들. 《형이상학》 제13권, 1076a20 참조.

제3장 기체로서의 실체

[1028b33] '실체'는, 더 많이는 아니지만, 적어도 주로 다음과 같은 네 가지 의미로 사용된다. 본질과 보편적인 것과 유가 각각 사물의 실체로 간주되거니와, 그 네 번째 의미는 기체이기 때문이다. 그런데 기체란 그것에 대해서는 다른 것이 서술되지만 그것 자체는 다른 것에 대해 서술되는 일이 없는 것이다. 그래서 우리는 먼저 이것과 관련해 구별을 해야 한다. 제일가는 기체[238]가 아주 각별히 실체로 여겨지기 때문이다.

[1029a2] 그런데 어떤 의미에서는 질료가 그런 것으로 불리고, 또 어떤 의미에서는 형상이, 그리고 세 번째 의미에서는 이들 양자의 합성체가 그런 것으로 얘기된다(내가 말하는 질료란 [동상을] 예로 들어 말하면 청동이고, 형상은 눈으로 볼 수 있는 겉모습이고, 이들 양자의 합성체는 동상, 즉 구체적인 사물이다). 그래서 형상이 질료보다 앞서는 것이고 더 높은 정도로 '존재하는' 것이라면, 같은 이유로 해서 형상은 양자의 합성체보다도 앞서는 것일 것이다.

---

238) 사물의 기저에 일차적으로 놓여 있는 것.

[1029a7] 이로써 실체란 도대체 무엇인가에 대해서 대강 얘기되었다. 즉 실체란, 기체에 대해서는 서술되는 일이 없지만 그것에 대해서는 다른 것들이 서술되는 것이다. 그러나 그냥 이렇게 규정하기만 해서는 안 된다. 이 정도로는 충분치가 않기 때문이다. 그 규정 자체가 명료하지 못할뿐더러, 그렇게 되면 질료도 실체가 되기 때문이다. 만약 질료가 실체가 아니라면 달리 실체라고 할 것이 없기 때문이다. 그 밖의 다른 것들을 떼어 내 버리면 분명히 아무것도 남지 않기 때문이다. 그 밖의 다른 것들은 물체의 상태이거나 산출물이거나 능력이고, 길이와 너비와 깊이는 분량이지 실체가 아니기 때문이다. 분량은 실체가 아니기 때문이다. 오히려 이들 분량이 얹혀 있는 제일의 것, 그것이 바로 실체다. 그러나 길이와 너비와 깊이를 들어내 버리면 이것들에 의해 한정되는 어떤 것인가 말고는 남아서 눈에 띄는 것이라곤 아무것도 없다. 그래서 이렇게 살필 것 같으면 질료가 유일하게 실체로 보일 수밖에 없다. 내가 말하는 질료란, 그 자체로는 어떤 무엇이라고 지칭되지도 않고 어느 정도의 양이라고 얘기되지도 않고 '존재하는 것'이 그것을 통해 규정되는 그 밖의 다른 어떤 것이라고 얘기되지도 않는 것이다. 그것에 대해 이것들 모두가 서술되고 그것의 '존재'가 범주들 하나하나의 '존

재'와는 다른 어떤 것이 있기 때문이다(그 밖의 다른 것들은 실체에 대해 서술되지만 실체는 질료에 대해 서술되기 때문이다). 그래서 맨 나중 것은 그 자체로는 어떤 무엇도 아니고 어느 정도의 양도 아니고 그 밖의 다른 어떤 것도 아니다. 그렇다고 이것들의 부정(否定)이 맨 나중 것이냐 하면 그렇지도 않다. 부정 역시 부대적인 의미에서만 맨 나중 것에 속하기 때문이다.

[1029a26] 이런 관점에서 살피면 질료가 실체라는 결론이 나온다. 그러나 이것은 불가능하다. 분리되어 존재한다는 독립성과 특정의 어떤 것이라는 개별성은 일반적인 견해에 따르면 실체에 가장 많이 속하기 때문이다. 그렇기 때문에 형상과 저들 양자의 합성체가 실체인 정도가 질료가 그런 것보다 더 높다는 견해에 이르게 된다. 하지만 저들 양자가 합쳐져서 만들어진 실체(질료와 형상이 합쳐져서 만들어진 실체 말이다)는 제쳐 놓을 수 있다. 그것은 나중 것이고 또 분명한 것이기 때문이다. 질료도 어떤 의미에서는 명백한 것이다. 그러나 제3의 것에 대해서는 우리가 탐구해야 한다. 가장 난해한 것이기 때문이다.

[1029a33] 일반적으로 감각적 사물 중 일부는 실체로 인정되고 있다. 그래서 우선 그것들 가운데서 탐구를 진행해야 한다. 보다[239] 더 알기 쉬운[240] 것을 향해 단계적

으로 나아가는 것이 유리하기 때문이다. 배움은 모든 것에서 이렇게 그 본성상 보다 덜 알기 쉬운 것을 거쳐 보다 더 알기 쉬운 것으로 나아감으로써 이루어지기 때문이다. 행동에서 부과된 과제가 개개인에게 좋은 것에서 출발해 단적으로 좋은 것으로 하여금 개개인에게도 좋은 것이 되도록 하는 것이듯,[241] 배움에서도 문제는 개개인이 알기 쉬운 것에서 출발해 본성상 알기 쉬운 것으로 하여금 개개인에게도 알기 쉬운 것이 되도록 하는 것이다. 물론 개개인에게 알기 쉽고 제일가는 것은 흔히 보잘것없는 정도로만 알기 쉬운 것이고, '존재하는 것'에 대해서는 담고 있는 바가 거의 없거나 전혀 없다. 그럼에도 불구하고 알 수 있는 정도가 형편없는 수준이긴 하지만, 그래도 개개인이 알 수 있는 것에서 출발해 단적으로 알기 쉬운 것을 인식하도록 노력해야 한다. 위에서 말했듯이 저런 것을 거쳐 이런

239) 1029b3~12는 필사본들에서는 1029b2 뒤에 나온다. 그러나 위와 같이 자리를 바꾸는 것이 오늘날에는 일반적이다.

240) 즉 본성상 그렇다는 말이다. 모든 배움은 귀납을 통해 우리가 알기 쉬운 것(우리 경험의 복합적인 사실과 대상들로서 감각과 결부되어 있어 그 자체로는 덜 알기 쉬운 것이다)에서 출발해 그 자체로 알기 쉬운 것(과학적 지식의 단순한 보편적 원리들)을 향해 나아간다.

241) 《니코마코스 윤리학》 1129b5 참조.

것으로 넘어감으로써 말이다.

제4장 본질로서의 실체. 본질은 어떤 사물에 있는가?

[1029b1] [제3장의] 서두에서[242] 우리는 실체가 얼마나 많은 의미로 규정되는지를 구별했거니와, 그중 하나로 본질이 꼽혔으므로, 이제 그것을 탐구해야 한다. 그러면[243] 첫째로 그것에 대해 개념적인 면에서 몇 가지를 말해 보기로 하자. 각 사물의 본질은 그 사물이 그 자체로 그것이라고 얘기되는 바로 그것이다. [너의] '너 됨'은 '교양 있음'이 아니기 때문이다. 네가 교양 있는 것은 네가 너여서가 아니기 때문이다. 그래서 네가 너여서 그것이라고 얘기되는 바로 그것이 너의 본질인 것이다.

[1029b16] 그러나 그 모두가 다 그런[244] 것은 아니다. "표면이 하얗다"는 식으로[245] 한 사물이 어떻다는 것이 그

---

242) 1028b33~36 참조.

243) 여기서부터 1029b13이 시작된다.

244) '한 사물의 본질인'의 의미.

245) 직역하면 '표면에 하양이 속하는 식으로'다. 제5권 제18장, 1022a24~36 참조.

자체로 그 사물인 것[246]은 아니기 때문이다. [표면의] '표면 됨'이 곧 '하양임'은 아니기 때문이다. 그러나 그 둘을 합쳐 놓은 것, 즉 '하얀 표면임' 역시 표면의 본질이 아니다. 왜 그런가. 규정되는 사물[247] 자체가 그 안에 포함되어 있기 때문이다. 그래서 문제의 사물 자체가 포함되어 있지 않은, 그것을 표현해 주는 개념 규정이 곧 각 사물의 본질의 정의인 것이다. 따라서 '하얀 표면임'이 곧 '반질반질한 표면임'을 뜻하는 것이라면, '하양임'과 '반질반질함'은 동일한 것이다.[248]

[1029b22] 또 그 밖의[249] 다른 범주들에서도 그에 상응하는 합성체가 있으므로(각 범주에는, 예컨대 성질, 분량, 시간, 장소, 운동에는 기체가 있기 때문이다), 그런 합성체에 본질의 정의가 있는지와, 그런 합성체에도, 예컨대 [피

---

246) 본질.

247) '표면'을 말함.

248) '하얀 표면이다'와 '반질반질한 표면이다'가 같은 말이라는 것은 표면에 관해 새로운 정보를 제공하는 게 아니다. 그것은 '하얗다'와 '반질반질하다'가 동일하다는 것을 말하고 있을 뿐, 표면의 본질을 말하고 있지 않다. 아리스토텔레스가 여기서 염두에 두고 있는 것은, 색은 대상의 표면으로부터 우리 눈에 전달된 인상이라는 데모크리토스의 색채 이론이다.

249) '실체 이외의'를 의미함.

부가] 하얀 인간에도 본질이 있는지를 탐구해야 한다. 그 하얀 인간의 이름을 '겉옷'이라고 해 보자.[250] [겉옷의] '겉옷 됨'은 무엇인가? 그러나 이것 역시 어떤 것이 그 자체로 어떤 것이라고 얘기되는 것이 아니다. '그 자체로 어떤 것이라고 얘기되는 것이 아니다'[251]에는 두 가지 의미가 있다. 하나는 [규정이 추가적으로] 부가되는 데 기인하고 다른 하나는 그러지 않는 데 기인한다. 전자는 정의되고 있는 것에 부가되기 때문에 '그 자체로 어떤 것이라고 얘기되는 것이 아니다'라고 얘기된다. 이를테면 어떤 사람이 하얗임[252]을 정의하면서 '하얀 인간'의 개념 규정을 말하는 경우가 그런 예겠다. 후자는 그것에 다른 것이 부가되지 않기[253] 때문에 '그 자체로 어떤 것이라고 얘기되는 것이 아니다'라고 얘기된다. 이를테면 '겉옷'이 하얀 인간을 의미하는 것임에도 '겉옷'을 [그냥] 하얗다고 정의하는 경우가 그런 예겠다. 하얀 인간이 하얀 것은 사실이지만, 하얗다는 것이 그 본질은 아니다.

---

250) '겉옷'이라는 말은 순전히 임의로 선택된 것이다. 제8권 제6장, 1045a26에도 나온다.

251) '하나의 술어가 그 주어에 그 자체로 해당하지 않는다'는 말이다.

252) 하양의 본질을 말함.

253) to de tō allo autō 'ou' : D. Frede의 추가임.

[1030a2] 그러나 [겉옷의] '겉옷 됨'이 도대체 본질이기는 한 것인가? 아마도 그렇지는 않을 것이다. 본질이란 다름 아닌 어떤 것의 어떤 것인 바로 그 무엇이지만, 어떤 것이 다른 어떤 것에 대해 서술된다고 할 때의 그것[254]은 특정의 어떤 것의 어떤 것인 바로 그 무엇이 아니기 때문이다. 예컨대 하얀 인간은 이 특정의 어떤 것의 어떤 것인 바로 그 무엇이 아니다. '이것'이라는 규정성[255]은 실체에만 속하는 것이기 때문이다. 그래서 본질은 개념 규정이 곧 정의가 되는 그런 사물에만 있다. 그러나 개념 규정이 정의가 되는 것은 이름이 개념 규정과 동일한 것을 나타낼 때가 아니라(그렇지 않다면 모든 개념 규정이 정의일 것이기 때문이다. 어떤 개념 규정이든 이름이 있을 테고, 마침내는 《일리아스》조차 정의[256]가 될 테니 말이다), 개념 규정이 제일가는 어떤 것의 개념 규정일 때다. 그러나 그런 부류에 속하는[257] 것은 [그것의 '그것 됨'이] 어떤 것이 다른 어떤 것에 대해 서술되는 일을 통해 표현되지 않는

---

254) 합성적인 어떤 것.

255) 개별성을 말함.

256) 즉 '일리아스'라는 단어의 정의.

257) '제일가는'을 의미함.

사물들이다.[258] 그래서 유(類)의 종(種)이 아닌 사물에는 본질이 없다. 오직 종에만 본질이 있다(종은, 일반적으로 상정하는 바에 따르면, 참여하고 있다는 이유로[259] 그것의 '그것 됨'이 표현되는 것도 아니고, 어떤 성질을 띠고 있기에 그런 것도 아니고,[260] 부대적으로 그런 것도 아니기 때문이다). 그러나 [이름의] 의미를 말하는 개념 규정[261]은 그 밖의 다른 사물들에도 있을 것이다. 이름[만]이 문제라면, [개념 규정은] 이 사물에는 이런 규정이 속한다는 것을 말해 줄 것이다. 상대적으로 단순한 개념 규정 대신에 보다 더 정확한 개념 규정을 제시할 수도 있을 것이다. 그러나 정의나 본질은 없을 것이다.

[1030a17] 혹 정의도 '무엇임'처럼 여러 가지 의미로 사용되는 것인가? '무엇임' 역시 어떤 의미에서는 실체와 특정의 [개별적인] 어떤 것을 가리키고, 다른 의미에서는 술어의 각 부류를, 즉 분량과 성질과 이런 부류의 다른 것들을 가리키기 때문이다. '존재'가 모든 범주에 속하긴 하지

---

258) 한 요소가 다른 한 요소에 대해 서술되는 일이 없는 것이 제일가는 것이라는 말이다.

259) 즉 기체가 속성에 참여하고 있다는 식으로.

260) 《형이상학》 제7권 제12장, 1037b14~21 참조.

261) 명목상의 정의.

만 똑같은 식으로가 아니라 어떤 것에는 제일가는 의미로 속하고 다른 것들에는 부차적인 의미로 속하듯이, '무엇임' 역시 단적으로는 실체에 속하는 것이지만 제한적인 의미로는 그 밖의 다른 범주들에도 속하기 때문이다. [사물의] 성질에 대해서도 우리는 그것의 '그것 됨'을 물을 수 있고 그렇기에 성질 역시 [일종의] '무엇임'이기 때문이다. 그러나 단적으로 그런 것은 아니고, '존재하지 않는 것'에 대해 일부 사람들[262)]이 순전히 개념적으로 '존재하지 않는 것'이라고 ─ 단적으로 그렇다는 게 아니라 존재하는 것이 아니라고 ─ 말하듯이, 성질의 경우도 그러하다.

[1030a27] 각 대상에 대해 어떤 식으로 말을 해야 하는가도 확실히 탐구해야 하지만, 그에 못지않게 중요한 것은 그 실상에 대한 물음이다. 지금도 그래야 한다. 대상에 대해 어떤 식으로 말을 하는지가 명백해졌기 때문이다. 본질 역시 ['무엇임'과] 마찬가지로 제일가는 의미에서는, 그리고 단적으로는 실체에 속하고, 그다음에서야 비로소 그 밖의 다른 범주들에도 속한다. 단적인 의미의 본질로서가 아니라 성질이나 분량의 본질로서 말이다. 왜냐하면 그런 것들[263)]은 동명이의적으로 존재한다고 얘기되거나, ['존

262) 《소피스트》 237, 256 이하 참조.

재한다'는 말에 뭔가를] 첨가하거나 삭제해 버림으로써 그렇다고[264] 해야 할 것이기 때문이다. 인식할 수 없는 것에 대해서조차 [인식할 수 없는 것으로] 인식할 수 있다고 하듯이 말이다.[265] 그러나 그것들[266]은 사실 동명이의적으로 [존재한다고] 얘기되는 것도 아니고 동일한 의미로 그러는 것도 아니다. 그것은 '의술적인 것'이 동일한 것과 관련해 그렇게 얘기되지만 동일한 것이 아니고, 그렇다고 동명이의적으로 그런 것도 아닌 것과 같다. [환자의] 육체와 [의료] 활동과 [의료] 도구를 '의술적인 것'이라고 하는 것이 동명이의적으로 그러는 것이거나 단일의 의미로 그러는 게 아니라 한 가지 것과 관련해 그러는 것이기 때문이다.[267]

[1030b3] 그러나 둘[268] 중 어떤 방식으로 그러한 것에 관해 말하고자 하든 상관없다. 아무튼 제일가는 의미에서

263) 성질이나 분량의 본질.

264) 존재한다고.

265) 인식할 수 없는 것을 '인식할 수 없는 것으로' 인식한다는 말.

266) 성질이나 분량의 본질.

267) 《형이상학》 제4권 제2장, 1003b1~3 참조.

268) 개념적인 탐구(1029b1 이하)와 실상을 천착하는 방식(1030a27 이하).

는, 그리고 단적으로는 정의와 본질이 실체에 속한다는 것만큼은 분명하다. 하지만 그것들은 그 비슷하게 다른 것들에도 속한다. 다만 제일가는 의미로 그런 게 아닐 뿐이다. 왜냐하면 그렇다[269]고 하더라도 개념 규정과 동일한 것을 의미한다고 해서 그 모든 이름에 정의가 있어야 하는 것은 아니기 때문이다. 정의는 특정 부류의 개념 규정[과 동일한 것을 의미하는 이름]에만 있는 것이다. 개념 규정이 어떤 하나의 것에 대한 개념 규정일 때가 바로 그런 경우다. 여기서 하나의 것이란 물론 《일리아스》같이 한데 묶임으로써 하나가 된 것처럼 연속성에 의해서 하나가 된 것이 아니라,[270] '하나'의 여러 가지 의미[271] 중 하나의 의미로 하나인 것이다. '하나의 것'은 '존재하는 것'과 같은 식으로 사용되거니와, '존재하는 것'은 특정의 어떤 것을 의미할 때도 있고, 분량을 의미할 때도 있고, 성질을 의미할 때도 있다. 그렇기 때문에 '하얀 사람'에도 개념 규정과 정의가 있겠지만, 그것은 '하양'이나 실체의 그것과는 다

269) '정의와 본질이 실체 이외의 다른 범주들에도 속한다'는 의미.

270) 《일리아스》는 전체 내용의 단순한 연속 때문에 하나의 이름으로 불린다는 것.

271) '하나'의 여러 가지 의미에 대해서는 제4권 1003b33, 제5권 1018a35, 제10권 1053b25 참조.

른 의미의 개념 규정이고 정의일 것이다. [후략]

제13장 보편적인 것은 실체가 아니다

[1038b1] 우리의 논구가 실체에 대한 것이므로 다시 그 주제로 돌아가자. 기체와 본질[과 이들의 합성자][272]이 실체라고 얘기되듯이, 보편적인 것도 그러하다. 그런데 [앞의] 두 가지 것에 대해서는 이미 논급했다(본질[273]과 기체[274])를 두고서 하는 말이거니와, 기체는 두 가지 의미에서 기체다. 즉 동물이 그 성질들의 기체인 것처럼 특정의 어떤 것으로서 그러하고, 질료가 활성태의 기체인 것처럼 그러하다). 그러나 보편적인 것 역시 일부 사람들[275]에게는 아주 높은 정도의 원인이고 원리다. 그러니 이것에 대해서도 다뤄 보도록 하자. 보편적으로 서술되는 것 가운데는 실체라고 할 만한 게 하나도 없어 보이기 때문이다.

---

272) M. Frede/G. Patzig(《Aristoteles "Metaphysik", Text, Übersetzung und Kommentar》, 2 Bde., München 1988)는 생략하고 읽는다.

273) 《형이상학》 제7권 제4~6장, 제10~12장.

274) 《형이상학》 제7권 제3장.

275) 플라톤주의자들.

[1038b9] 첫째로 각 사물의 실체란 다른 사물에는 속하지 않는, 그 사물에 특유한 것이기 때문이다. 그러나 보편적인 것은 [다른 사물에도] 공통적인 것이다. 보편적인 것이라고 불리는 것은 본성상 다수의 사물에 속하는 것이기 때문이다. 그런데 그것이 어떤 사물의 실체이겠는가? 모든 것의 실체이거나 그 어떤 것의 실체도 아닐 텐데, 모든 것의 실체일 수는 없다. 그렇다고 그것이 어떤 한 사물의 실체라면, 이 하나의 사물은 다른 사물들이기도 할 것이다. 실체가 하나이고 본질도 하나인 사물들이 있다면 그것들 역시 하나이겠기 때문이다.

[1038b15] 또 실체라고 얘기되는 것은 기체에 대해 서술되지 않는 것이다. 그러나 보편적인 것은 항상 기체에 대해 서술된다.

[1038b16] 그러나 보편적인 것이 본질과 같은 식으로 실체일 수는 없다 하더라도 본질에 포함되어 있지는 않을까? '동물'이 '인간'이나 '말[馬]'에 포함되어 있듯이 말이다. 그렇다면 분명히 그것에 대한 어떤 개념 규정이 있을 것이다.[276] 또 실체에 포함되어 있는 것 모두에 대해 개념 규

276) 그리고 이것도 실체라면 이 실체의 개념 규정에 포함되어 있는 부분들이 다시 실체가 될 것이다. 그렇다면 실체가 무한히 있게 될 텐데, 이것은 불합리하다는 얘기다.

정이 있는 것은 아니라고 하더라도 달라지는 것은 없다. 그렇더라도 보편적인 것은 특정의 어떤 것의 실체일 것이기 때문이다. '인간'이 [보편적인 것으로서] 그 안에 포함되어 있는 [특정의] 인간의 실체이듯이 말이다. 결국 다시금 [위와] 동일한 결과가 나올 것이다. 즉 보편적인 것은 어떤 것[277] 안에 그것에 특유한 것으로 포함되어 있는 바로 그 것의 실체일 것이기 때문이다.

[1038b23] 또 이 어떤 것, 즉 실체가 어떤 것[278]으로 구성된 것이라고 할 때, 실체나 특정의 어떤 것으로 구성되지 않고 성질로 구성되어 있다고 하는 것은 불가능하고 불합리한 일이다. 그렇게 되면 실체가 아닌 것, 즉 성질이 실체와 이 어떤 것보다 앞서는 것이어야 할 텐데, 이것은 불가능하기 때문이다. 개념 규정에서든, 시간상으로든, 생성에서든 성질은 실체보다 앞서는 것일 수 없기 때문이다. 그렇지 않다면 성질은 [실체에서] 분리되어서도 존재할 수 있어야 하기 때문이다. 또 보편적인 것은 실체인 소크라테스 안에 실체로서 포함되어야 할 것이고, 그 결과 보편적인 것은 두 사물의 실체이게 될 것이다. 요컨대 인

277) 종을 말함.

278) 부분을 말함.

간과, 그런 [인간과 같은] 식으로 서술되는 모든 것이 실체라면, 개념 규정에 포함되어 있는 것은 그 어떤 것이든 어떤 것의 실체가 아니며, 그것에서 분리되어 존재하지도 않고, 어떤 다른 것 안에 있지도 않다는 결론이 나온다. 내가 염두에 두고 있는 것은, 이를테면 개별적인 동물에서 분리되어 존재하는 동물은 없으며, 개념 규정에 포함되어 있는 그 어떤 것도 분리되어 존재하지 않는다는 것이다.

[1038b34] 이상의 논의를 통해 분명한 것은, 보편적으로 속하는 것은 그 어떤 것이든 실체가 아니라는 것이다. 이것은 또한 공통적으로 서술되는 것은 그 어떤 것이든 특정의 어떤 것을 가리키는 게 아니라 이러이러함을 가리킬 뿐이기 때문이기도 하다. 만약 그렇지 않다면 다른 많은 문제가 불거지는 것 외에 '제3인간'의 문제도 발생한다. [후략]

제16장 감각적인 사물의 부분은 실체가 아니다. '하나[다]'와 '존재[한다]'는 실체가 아니다

[1041a3] [전략] 그러므로 보편적으로 서술되는 것은 실체가 아니며 어떤 실체든 [여러] 실체로 구성되지 않는

다는 것이 분명하다.

제17장 형상으로서의 실체

[1041a6] 실체가 무엇이라고 얘기되어야 하고 어떤 부류의 사물이라고 얘기되어야 하는지를, 새 출발을 하는 기분으로 다시 한번 살펴보자. 그렇게 하면 감각적 실체에서 분리되어 존재하는 실체와 관련해서도 분명하게 얻는 바가 있을 것이기 때문이다. 그러면 실체가 원리이고 원인이므로 여기서부터 문제를 파고들도록 하자.

[1041a10] '왜 [그런가]'는 항상 '하나의 사물이 다른 하나의 사물에 속하는 이유는 무엇인가'의 형태로 탐구된다. 왜냐하면 교양 있는 인간이 교양 있는 인간인 이유는 무엇이냐고 묻는 것은 곧 방금 말한 것, 즉 문제의 인간이 교양 있는 이유는 무엇이냐고 묻는 것이거나 뭔가 다른 것을 묻는 것이기 때문이다. 어떤 한 사물이 그것 자체인 이유는 무엇이냐고 묻는 것은 뭘 묻는 것이 아닌 것이다(['왜 (그러냐)'라는 물음이 유의미한 물음이려면] [어떠어떠하다는] 사실과 [해당 사물의] 존재는 이미 명백한 것으로 전제되어 있어야 하기 때문이다. 내가 염두에 두고 있는 것은

이를테면 달이 월식을 하는 경우다. 그러나 어떤 한 사물이 그것 자체라는 것은 모든 경우－[예컨대] 인간이 인간인 이유는 무엇이고 교양 있는 것이 교양 있는 이유는 무엇인가－에서 하나의 설명이자 하나의 원인이다[279]). [하지만 어떤 사람이 '이 사물은 이것 자체이므로'라고 대답했을 때, 그것이] 각 사물은 그것 자체에서 분리될 수 없다거나 처음부터 그것의 '하나 됨'이 그 안에 있었다고 대답하려던 것이 아니었다면 말이다. 그러나 이것[280])은 모든 것에 공통되는 것이고 주어진 물음에 대한 간단한 대답이다.

[1041a20] 하지만 인간이 이러이러한 성질의 동물인 이유는 무엇이냐고 물을 수는 있을 것이다. 여기서 분명한 것은 인간인 어떤 것이 인간인 이유는 무엇이냐고 묻고 있지 않다는 것이다. 그러니까 어떤 것이 어떤 다른 것에 나타나는 이유는 무엇이냐고 묻는 것이다(그러나 그것이 나타나 있다는 사실은 명백한 것이어야 한다. 그렇지 않으면 뭘 묻고 있는 것이 아니기 때문이다). 예를 들어 '천

---

279) 그러므로 이처럼 문제의 사실이 알려져 있는 경우에는 '왜 (그러냐)'라는 물음은 제기되지 않는다는 말.

280) 각 사물은 그것 자체와 같다는 사실.

둥이 발생하는 이유는 무엇인가?'라는 물음은 '구름 속에서 이상한 소리가 나는 이유는 무엇인가?'를 묻는 물음인 것이다. 이렇게 볼 때 다른 어떤 것에 나타나는 어떤 것이 탐구되고 있는 것이다. 또 이러한 사물들, 이를테면 벽돌과 돌이 하나의 집인 이유는 무엇인가? 분명히 원인을 찾고 있는 것이다. 원인은, 개념적으로 표현한다면 본질인데, 어떤 경우—집과 침대 같은 경우—에는 목표가 본질이고 또 어떤 경우에는 최초로 운동을 일으키는 것이 본질이다. 운동을 일으키는 것 역시 원인이기 때문이다. 그러나 그런 부류의 원인[281]은 생성과 소멸의 경우에 탐구되는데, 전자[282]는 존재의 경우에도 탐구된다.

[1041a32] 무엇이 탐구되고 있는지가 아주 불분명한 경우가 있다. 서로에 대해 서술되는 일이 없는 것들의 경우가 그렇다. 예컨대 인간이란 무엇이냐고 물을 때가 그런 경우다. 물음이 단순하게 표현되어 있기 때문이다. 이러이러한 사물들은 이러이러한 것이다, 하고 구별하지 않은 채 말이다. 탐구를 하려면 물음부터 분석해야 한다. 그렇게 하지 않으면 무엇인가를 구하면서도 아무것도 구하

281) 운동인.

282) 목적인.

고 있지 않는 어정쩡한 상태에 처하게 된다. 문제의 사물이 존재한다는 것은 기지의 사실로 주어져 있어야 하는 것이기 때문에, 물어야 할 것은 분명히 문제의 질료가 이러이러한 것인 이유는 무엇이냐는 것이다. 이를테면 이러이러한 사물들이 하나의 집인 이유는 무엇이냐는 것이다. [그 이유는] 그것들에 처음부터 [집의] '집 됨'이었던 무엇이 속하기 때문이다. 또 이것이 인간인 이유는 무엇이고, 이 육체가 이러한 성질을 갖는 이유는 무엇이냐는 것이다. 그러므로 탐구되는 것은 질료에 대한 원인(형상이 그것이다)인 것이다. 그것을 통해서 질료가 특정의 어떤 것이게 되는 원인 말이다. 실체가 바로 그것이다. 그래서 단순한 것들[283]의 경우에서는 [원인이나 실체를] 탐구하는 일도 없고 가르치는 일도 없음이 분명하다. 그런 것을 탐구하는 방식은 다른 것이다.

[1041b11] 전체가 더미처럼 하나를 이루는 게 아니라 음절처럼 하나를 이루는 식으로 어떤 것으로 합성되어 있는 것은 [···이기] 때문에[284] ─ 음절은 낱자들이 아니며, ba

283) 질료를 갖지 않는 순수한 형상들. 이런 것들의 경우는 위에서 기술된 방법이 적용되지 않는다. 그것들은 직관적으로 파악될 수 있을 따름이다. 《형이상학》 제9권 제10장 참조.

284) 이 문장은 완전한 문장이 아니다. 뒤따라 나오는 삽입구는 제17장

는 b와 a와 동일한 것이 아니고, 살[肉]은 불과 흙이 아니다([합성된 것이] 분해되면 어떤 것들, 예컨대 살과 음절은 더 이상 [살과 음절로서] 존재하지 않지만, 낱자들은 그대로 존재하고, 불과 흙도 그러하기 때문이다). 따라서 음절은 어떤 무엇인가다. 그저 낱자들, 즉 모음과 자음일 뿐인 것이 아니라 [그것들과는] 다른 어떤 무엇인 것이다. 또 살은 그저 불과 흙일 뿐인 것, 뜨거움과 차가움일 뿐인 것이 아니라 다른 어떤 무엇인 것이다. 그런데 만약 이 다른 어떤 무엇 역시 하나의 [구성] 요소이거나 [여러] 요소로 구성된 것일 수밖에 없는 것이라면, [우선은] 그것이 하나의 [구성] 요소일 경우, 다시금 동일한 논변이 적용된다(살이 [구성] 요소와 불과 흙으로 이루어지고, 또 [이들 세 가지를 합성시킬, 이들 세 가지와] 다른 어떤 것으로 이루어질 테니, 결과적으로 그렇게 무한히 계속될 것이기 때문이다). 그러나 만약 그것이 [여러 구성] 요소로 이루어진 것이라면, 그것은 분명히 하나의 요소가 아니라 여러 요소로 이루어진 것일 테고(그렇지 않다면 저 [위에서 언급한] 요소가 문제의 사물일 것이다), 결과적으로 이 [합성체의] 경우에서도 살과 음절에서와 동일한 논변이 제시될 것이다. 그러

끝까지 이어진다.

나 이것[285]이 어떤 무엇인 것 같다. 원소가 [어떤 무엇인 것이] 아니라 말이다. 또 바로 그것이 여기 이것을 살이게 하고, 여기 이것을 음절이게 하는 원인인 것 같다. 다른 모든 경우에서도 마찬가지다. 그것[286]이 각 사물의 실체인 것이다(그것이 [각 사물의] '사물 됨'의 제일가는 원인이기 때문이다). 그러나 어떤 사물은 [아예] 실체가 아니고, 본성에 따라서, 본성상 이루어진 것이라야 실체이므로, 요소가 아니라 원리인 이 본성[287]이 실체가 될 것이다. 그러나 [구성] 요소는 한 사물이 분해되어 돌아가는 어떤 것, 그 사물 속에 질료로 현전하는 어떤 것이다. 예컨대 음절에서 a와 b는 음절의 요소다.

285) '다른 어떤 것'을 말함.

286) 원인, 즉 형상.

287) 형상(인).

해설

'형이상학'이라는 명칭

아리스토텔레스의 저작에 붙은 '형이상학(Metaphysica)'이라는 이름이 아리스토텔레스 자신에게서 나온 것은 아니다. 기원전 50년 무렵 아리스토텔레스의 저작을 묶어 펴냈던 안드로니코스 로도스는 자연을 논하는 일련의 글(physika) 뒤에(meta) 일단의 글을 배치했다. 그러나 그 후속 논고에 붙일 적당한 이름이 없었다. 그래서 고민 끝에 그 글들이 차지하고 있는 위치 정보를 토대로 '자연학 후속서(ta meta ta physika)'라는 이름을 붙였는데, 단순한 문서 분류 표찰에 불과하던 그 이름이 결과적으로 철학의 중핵에 해당하는 한 분과를 지칭하게 되었다. 아리스토텔레스 자신은 그것을 '지혜(학)(sophia)' 또는 '제일철학(prōtē philosophia)'이라고 불렀다. 일반적으로 그리스어의 '소피아'는 꾸준히 갈고닦으면 대가가 될 수 있는 전문적 능력을 의미한다. 《니코마코스 윤리학》(VI 7)에 나오는 예를 들면, 석공 페이디아스와 조각가 폴리클레이토스가 그런 능력의 소유자다. 《형이상학》(I 1)에 나오는 '소피아'는 그런 일상 언어 개념을 인식의 영역에 전용한 것이다. 이제 '소피아'는 앎 일반에서 '대가', 인식론적인 의미에서 '최고봉'을 뜻하게 되었다. 철학이 곧 그것이겠고, "경탄할 만한 것, 난해한 것, 신적인 것"을 알려고 노력한 탈레스나 아낙사고라스가 그런 앎의 소유자라고 하겠다.

그러면 소피아, 즉 '지혜(학)'에서 결정적인 것은 무엇인가. 바로 앞 단계의 앎, 즉 보통 수준의 학문, 보통 수준의 철학과 비교해 보면 '지혜(학)'가 무엇인지 알 수 있다. '지혜(학)'의 지혜(학)다움은 모든 학문의 공통적인 원리에 대한 앎이라는 데 있다. '지혜(학)'를 "통제하는 위치에 있는 학문(archikōtera)"이니 "모든 것을 지휘하는 학문(epistēmē kyria pantōn)"이니 하는 것도 그런 데서 연유한다. '지혜(학)'는 제일철학인 것이다. 기초 학문이자 근본 학문이라는 말이겠다.

아리스토텔레스의 '제일철학'에 '형이상학'이라는 이름이 붙은 것은 문서 분류라는 순전히 외적인 조건에 따른 것이었다. 그러나 칸트는 그의 형이상학 강의에서 '형이상학'이라는 이름은 "그 학문 자체와 아주 잘 들어맞기 때문에 우연히 생긴 것이 아니"라고 말한다(Akad. Ausg. XXVIII/1, 174). 인식에 이르는 두 가지 길이 있다는 아리스토텔레스에 따르더라도 하나의 학문에 두 가지 별개의 명칭이 충분히 붙을 수 있다. 원리에 이르는 길을 따라 올라간다고 하면 문제의 학문은 자연에서 시작해 자연을 넘어가는 길이 되어 '후속-자연학(meta-physica)'이 되고, 원리에서 출발하는 길을 밟는다고 하면 그것은 '제일철학'이 되는 것이다.

제일원리의 학으로서의 형이상학

아리스토텔레스가 형이상학을 이해하는 바에 따르면, 형이상학은 개별 과학과 다르다. 그가 볼 때 형이상학은 두 가지 면에서 개별 과학을 능가한다. 첫째로, 형이상학이 다루는 대상은 맨 나중 것이고 가장 포괄적인 것이고 가장 높은 것이다. 둘째로, 형이상학적 앎은 가장 참된 앎이고 가장 확실한 앎이고 가장 높은 수준의 앎이다.

아리스토텔레스는 《형이상학》 제1권 제1장에서 '지혜(학)'를 "제일가는 원인과 원리"의 학이라고 규정한다(981b28~29). 이 규정은 제2장에서 논급되는 지혜로운 사람의 일반적 특징—보편적인 것을 알고 있다, 어려운 것을 알고 있다, 정확하게 알고 있다, 가르침을 베풀 수 있다, 앎 자체를 위해 앎을 추구한다—과 잘 부합한다. 이 지혜(학)가 바로 우리가 말하는 형이상학이다. 형이상학은 그래서 전통적으로 제일가는 원인과 원리의 학으로 이해되었다.

논의의 중심 개념은 '원인/원리(archē)'다. 이것이 지혜(학), 즉 형이상학의 진로를 결정한다. 일반적으로 앎이니 학문이니 하는 것이 원인을 알고 있다는 데서 습관이나 경험과 구별되는 것이라면, 그러한 특징의 극단적인 형태는 형이상학에서 찾을 수 있다. 형이상학적 앎의 진수는 무엇인가. 그렇고 그런, 흔히 들을 수 있는 원인이나 설명이 아니다. 맨 나중의 원리가 형이상학적 앎의 핵심이다. 진짜 앎을 얻으려면 맨 나중의 근거/원인을 알지 않으면 안 된다. 어떤 한 주장이 다른 한 주장을 통해 설명되고 어떤 한 근거가 다른 한 근거에 기초하는 식이라면, 원리의 열(列)은 끝없이 이어질 것이고 종국에는 아무것도 아는 게 없게 될 것이다.

《형이상학》 제1권 제1장 첫머리를 장식하고 있는, "모든 인간은 본성적으로 앎을 얻기 위해 애쓴다"(980a21)는 말부터가 의미심장하다. 그것은 단순히 지적 호기심이나 새로운 정보에 대한 관심을 말하는 것이 아니다. 그 안에는 그냥 어떤 무엇을 아는 것이 아니라 그 어떤 무엇의 근거/원인을 아는 것, 궁극적으로는 그 제일가는 원리를 파악하는 것이 인간의 인식적 욕구라는 의미가 함축되어 있다. 형이상학을 규정하는 것은 그러니까 근원에 대한 천착과, 더 이상 소급해 올라갈 수 없는 제일가는 근거에 대한 탐구라 하겠다.

그러면 형이상학은 어떤 식으로 전개되고 또 그 탐구 범위는 어떻게 되는가. 형이상학의 물음을 묻는 방식과 논구 범위는 '원인/원리' 개념을 어떻게 이해하느냐에 달려 있다. 《자연학》에서 논의되었던 바에 따르면, '원인/원리'는 네 가지 의미로 사용된다. 질료, 형상, 운동의 발단, 목표가 그 네 가지다. 아리스토텔레스는 자신의 시론을 검증받기 위해 '소크라테스 이전 철학자들'과 플라톤 역시 원리를 탐구했었다고 하면서 그들의 이론을 자신의 네 가지 원인 유형에 따라 분류한다. 그 가운데서 가장 오래되고 또 흔적이 가장 많이 남아 있는 유형은 질료(인)다. 탈레스의 '물', 아낙시메네스의 '공기' 같은 것 말이다. 그런가 하면 플라톤에서는 형상—이데아—이 사물의 원리 기능을 발휘한다.

하지만 아리스토텔레스는 이들 네 가지 원인을 탐구하는 식으로 논의를 밀고 나가지는 않는다(물론 제일가는 질료, 맨 나중의 형상, 운동의 제일원인, 최종 목표에 대한 물음이 《형이상학》 전편에 걸쳐 주제로 남아 있긴 하다). 아리스토텔레스는 제일가는 원인의 탐구를 두 갈래로 세분해서 진행한다. 하나는 (1) 존재하는 것으로서의 존재하는 것의 원리를 탐구하는 길이다. 나중에 '존재론'이라는 이름을 얻게 된 이 길은 실재하는 것 일반의 구조를 탐구하고, 존재의 가장 보편적인 원리를 탐구하고, 대상 일반의 필연적이고 본질적인 특성을 탐구하는 길이다. 사물 일반으로 하여금 사물이게 하는 어떤 것을 파악하는 것이 존재론으로서 형이상학의 주된 과제다. 나머지 다른 한 길은 (2) 최고의 존재자에 대한 관심으로 특징지어지는 탐구다. 여기서 형이상학이 관심을 기울이는 것은 이 세계 전체에 질서를 부여하는, 제일가는 어떤 것이다. 그 전형적인 형태는 최고의 신적인 존재를 탐구하는 '신학(theologikē)'이다. 신학으로서의 형이상학은 세계 전체 질서의 문제 외에 신이 우주의 제일가는 운동인으로서 어떻게 기능을 발휘하는가의 문제도 다룬다.

존재론으로서의 형이상학

존재론으로서의 형이상학 구상은 제4권 첫머리에 등

장한다. "존재하는 것을 존재하는 것으로 놓고서 고찰하고 또 이 존재하는 것에 자체적으로 속하는 것을 고찰하는 하나의 학문이 있다"는 것이다(1003a21~22). 이런 식으로 존재하는 것을 고찰하는 학문이 그 밖의 다른 학문과 다른 점은 무엇인가. 다른 학문은 "존재하는 것을 존재하는 것으로 놓고서 보편적으로" 고찰하지 않고 존재하는 것의 한 '부분'만 다룬다(1003a23~24). 그러나 문제의 '학문', 즉 존재론은 실재에 관한 우리의 사고와 우리의 언명을 규정하는 가장 보편적인 개념과 구조를 탐구한다. 우리가 존재하는 것을 존재하는 것으로 파악하는 데 근거가 되는 규정은 모든 것의 제일원리이기도 한 것이다.

그러면 아리스토텔레스는 존재론 탐구의 실마리를 어디서 찾는가. 존재 개념의 다양한 쓰임새다. '존재하는 것'이 여러 가지 의미로 쓰이기 때문이다(1003a33). '존재하는 것'이 여러 가지 의미로 쓰인다는 말은 이른바 '범주'가 다름에 따라 존재의 성격도 달라진다는 말로 바꿔 놓을 수 있다. 이를테면 인간이라고 하는 것(being a man)과 나이를 먹었다는 것(being old)과 여기에 있다는 것(being here)에서 '존재(being)'는 서로 다른 것이다. 아리스토텔레스는 《형이상학》 제4권 제4장에서 열 가지 범주를 구별한다. 범주는 크게 두 부류로 나눌 수 있다. 제일가는 범주와 부차적인 범주가 그것이다. 존재 개념의 다양한 의미들은 제일가는 의미로 환원할 수 있는데, 제일가는 의미란 존재 개념의 본래적인 의미를 말한다. 그 밖의 다른 의미들은 간접적으로만, 그러니까 본래적인 의미와 관련해서만 의미를 갖는다. 아리스토텔레스는 이러한 사태를 '건강하다'는 말을 예로 들어 설명한다. 건강하다는 말은 원래 생명체에 쓰는 말이다. 그러나 그것만 놓고 본다면 건강하지도 아프지도 않은 의복이나 기후, 풍토나 피부색 같은 것에 대해서도 부차적인 의미에서이긴 하지만 건강하다는 말을 쓸 수가 있다. 생명체의 건강을 유지시켜 주는 것이고 건강을 가져다주는 것이고 건강의 징후이기 때문이다(1003a35~36). 존재론에서도 유사한 구별이 가능하다. 실체와 그 밖의 부대적인 규정으로 크게 양분할 수 있는 것이다. 실체가 말하는 것은 어떤 것이 그 본질에서 무엇인가 하는 것이고, 그 밖의 다른 모든 규정은 그런 식으로 규정된 존재자에게 성질이나 분량이나 장소 등이 속함을 말하는 것이다. 양자의 근본적 차이는, 전자는 자체적으로 존립하는 것이고 규정성의 근거가 자기 자신에게 있는 것인 데 반해, 후자는 다른 것(실체)에 얹혀 있는 것이고 다른 것(실체)과 관련해서만 얘기될 수 있는 것이라는 점이다.

이로써 존재하는 것으로서의 존재하는 것이 무엇을 말하는 것인가가 해명되었다고 하겠다. 그러면 문제의 실체 자체는 어떻게 규정될 수 있는가. 제7~9권의 주제에 해당하는 물음이다. 제7권 제1장 말미에서 아리스토텔레스는 마치 강령처럼 이렇게 말한다. "예나 지금이나 변함없이 탐구되지만 항상 난관에 봉착하는, 존재하는 것이란 무엇이냐는 물음은 실체란 무엇이냐는 물음에 다름 아니"기 때문에, 제일철학은 "이런 의미로 존재하는 것이 무엇인지를 가장 주된 문제로, 제일 먼저, 거의 그것만 다룬다고 할 정도로 탐구해야 한다"(1028b3~7). 요는, 실체의 실체성은 무엇이냐는 것이다. 간단히 말하면 실체를 실체이게 하는 것이 질료냐 형상이냐 하는 것이다. 아리스토텔레스의 대답은, 실체의 독립성은 질료가 아니라 형상을 통해 확보된다는 것이다. 여기서 말하는 형상이 겉모습이 아니라 본질을 의미하는 것임은 두말할 것도 없다.

상식적인 견지에서 보면 사물에서 끝까지 잔존하는 것은 기체(基體)다. 소크라테스 이전 자연철학자들이 질료를 실재하는 것의 원리로 이해했던 것도 그런 맥락에서였다. 사물의 생성의 원점이자 소멸의 종점이지만 그것 자체는 생성도 소멸도 하지 않는 것을, 그들은 사물의 불변적인 기초로 보았던 것이다. 원소나 원자를 사물의 생성의 원점이자 해체되어 돌아가는 존재의 핵심으로 보았던 철학자들도 같은 부류로 묶을 수 있다. 그러나 아리스토텔레스의 경우는 그들과 정반대다. 그는 어떤 것의 어떤 것 됨(being)을 그것의 질료적 구성 원소로 환원시킬 수 없다는 입장이다. 부분들을 그냥 한데 모아 놓았다고 해서 전체가 되는 것이 아니라는 것이다. 부분들을 짜 맞추어 전체가 되게 하는 데서 전제되는 것, 그 바탕을 이루는 것은 다름 아닌 전체의 형상인 것이다. 형상은 원소들로 하여금 그냥 쌓여 있는 '더미(mass)'가 아니라 일정한 모습을 갖추고 '하나의 전체(a thing)'가 되게 하는 힘인 것이다. 그래서 형상을 일컬어 독립적으로 존재하는 것의 "존재의 제일가는 원인"(1041b28)이라고 하는 것이다.

아리스토텔레스의 형상은 어떤 한 종에 속하게 해 주는 근거이자 동시에 개별성의 근거이기도 한 것이다. 개별적 인간은 그에게 내재하는 본질 때문에 '존재'하는 것이고 '인간'인 것이다. 형상이 실체이자 본질인 것이다.

(위에서 말했듯이 제일가는 원리를 탐구하는 두 길 중 하나는 존재하는 것으로서의 존재하는 것의 구조를 탐구하는 길이고, 다른 하나는 최고의 존재자, 영원하고 움직이지 않고 신적인 존재자를 탐구하는 길이다. 두 번째 길

은 주로 《형이상학》 제12권에서 다뤄진다. 그러나 여기서는 존재론으로서의 형이상학만 다루고 신학으로서의 형이상학은 다루지 않는다.)

지은이에 대해

제정 로마 시대에 제작된 흉상들은, 알렉산드로스 대왕의 궁정 조각가였던 리시포스가 주군의 주문에 따라 조각한 것을 본떠 만들어졌을 공산이 큰데, 그 시절 만들어진 아리스토텔레스 흉상은 60세쯤 되어 보이는 얼굴을 하고 있다. 긴 턱수염, 넓은 입, 도톰한 아랫입술, 앞으로 툭 튀어나온 이마가 눈에 띄는데, 툭 튀어나온 이마는 그의 명민함과 강한 집중력을 암시한다.

아리스토텔레스가 살았던 시대는 그리스인들의 삶을 근본적으로 규정했던 도시국가가 서서히 무너져 내리던 때였다. 아테네가 정치적으로 패권을 쥐고 있을 뿐만 아니라 문화적으로도 전성기였던 이른바 페리클레스 시대(BC 443~BC 429년)는 이미 막을 내린 뒤였다. 카이로네이아에서 아테네와 테베 군대가 마케도니아의 필리포스 2세 군대에게 패배를 당하던 시절이다(BC 338년). 필리포스 왕의 아들 알렉산드로스와 동시대를 살았다고 하면 언제쯤인지 감이 잡힐 것이다.

아리스토텔레스는 BC 384년 그리스 북동부에 위치한

작은 도시국가 스타게이라에서 태어났다. 플라톤과 달리 그는 아테네 귀족 가문의 후예는커녕 아테네 시민도 아니었다. 정치적 권리는 없이 체류 허가만 받은 거류 외국인일 뿐이었다. 그렇다고 해서 그가 여느 사람과 다름이 없는 '장삼이사'였느냐 하면 그렇지는 않다. 부친 니코마코스는 마케도니아 왕실의 주치의였다. 명망 있는 집안의 자손이었던 아리스토텔레스는 어려서 부친을 여의었지만 후견인의 후원으로 당시에 받을 수 있는 최고 수준의 교육을 받았다. 당시 마케도니아 왕실 내에 조성되었던 긴장 때문이었을 텐데, 아리스토텔레스는 BC 367년, 그의 나이 17세 때 그리스 문화의 중심지 아테네로 건너와 플라톤 문하에 들어간다.

20년 동안(BC 367~BC 347년), 이른바 '제1차 아테네 체류 시기'에 아리스토텔레스는 오늘날 우리가 플라톤의 대화편들에 묻혀 있는 것으로 알고 있는 문제들을 익혀 나갔다. 그러나 그는 마냥 '학생'으로만 있지는 않았다. 플라톤과, 그리고 그의 동료들과 갑론을박하면서 그는 그 나름의 입장을 발전시켰다.

이미 제1차 아테네 체류 시기에 아리스토텔레스는 자신의 강의를 열었다. 그의 강의실에는 서판과 여러 가지 도구, 천문학 관련 도표가 있었고 벽에는 그림이 붙어 있었다. 이 시기에 만들어진 것으로는 후대에 가서 《오르가논》이라는 표제 아래 취합된 논리학 관련 저작과 학문 이론 관련 저작, 폭넓게 수집된 자료집을 들 수 있으며, 그 밖에 자연(철)학, 형이상학, 윤리학, 정치학, 수사학의 초벌 원고도 이 시절에 만들어졌다. 시학 역시 이때 벌써 나왔을 공산이 크다.

아카데미를 창립하고 이끌었던 플라톤은 아리스토텔레스보다 40여 년이나 연상이었다. 플라톤과 소크라테스의 나이 차이와 엇비슷하다. 아리스토텔레스와 플라톤의 관계에 대해서는 알려진 바가 거의 없다. 짐작건대 아리스토텔레스가 플라톤에 대해 품었던 감정은 플라톤이 호메로스에 대해 품었던 그것과 비슷하지 않았나 싶다. 아리스토텔레스가 《니코마코스 윤리학》(1096a11～17)에서 플라톤을 비판하는 것을 보면, 꼭 플라톤이 《국가》(595b)에서 호메로스와 시인들을 비판하는 것을 보는 것 같기 때문이다. "물론 이런 식으로 탐구하는 것은 마음이 내키지 않는다. 이데아를 끌어들인 사람이 우리의 친구이기 때문이다. 그러나 진리를 구제하기 위해서라면 우리의 사사로운 감정을 돌보지 않아야 할 것이다. 우리가 철학자임에야 더 그렇지 않겠는가." 여기서 나온 격언이 바로 "amicus Plato, magis amica veritas"다. 번역하면 "나는 플라톤을 사랑하지만, 진리를 훨씬 더 사랑한다"가 되겠다.

아테네에서 아리스토텔레스는 위에서 말했듯 거류 외국인 신분이었기 때문에 폴리스 관련 일에는 끼어들지 않았지만, 정치학을 독자적인 학문으로 정립했다. 그렇다고 해서 그가 정치적 실천의 영역에서 완전히 벗어나 있었느냐 하면 그렇지도 않았다. 마케도니아와 그리스의 여러 도시국가들 간의 중재역을 맡기도 했기 때문이다.

아리스토텔레스의 주된 일은 어디까지나 연구하고 가르치는 일이었다. 전하는 바에 따르면 그는 위트가 넘치는 사람이었고, 그의 강의는 명료하고 청중의 마음을 매료하는 것이었다. 독서를 즐기고 수집하고 분석하기를 즐겼던 그는 박학다식한, 그렇다고 해서 세상 물정을 모르는 것이 아니라 세계 친화적인, 세상이 돌아가는 사정을 훤히 꿰뚫고 있는 교수의 전형이었다. 아리스토텔레스는 플라톤과 아카데미학파의 견해만 알고 있던 게 아니었다. 소피스트들의 저작과 소크라테스 이전 철학자들, 의학에 종사하던 사람들의 저작까지 섭렵했고, 그 외에 그리스 서정시, 서사시, 극작품들까지 꿰고 있었다. 더 나아가 당시 알려져 있던 헌법들까지 그야말로 모르는 게 없을 정도였다.

BC 347년 플라톤이 세상을 뜨자 플라톤의 조카이자 상속인이었던 스페우시포스(BC 410~BC 339년)가 아카데미의 수장이 된다. 그러자 아리스토텔레스는 37세의 나이로 아테네를 떠난다. 아카데미의 수장이 되지 못해 분해서가 아니라 정치적으로 위험해서였다. 그리스의 자유를 위협하는 친(親)마케도니아 인사로 분류되었기 때문이다. 그 뒤로도 정치적 상황이 악화되어 이곳저곳으로 옮겨 다녀야 했기에 안정된 생활은 아니었다. 그럼에도 불구하고 그가 이룬 연구 성과는 아주 놀라울 정도다. 대단한 능력의 소유자라 하겠다.

이후 12년 동안의 '편력 시기(BC 347~BC 335 혹은 BC 334년)'를 그는 아카데미에서 동문수학하던 친구들을 찾아다니며 지냈다. 그가 맨 처음 찾아갔던 사람은 소아시아 아소스의 군주였던 헤르미아스였다. 그의 환대 속에서 아리스토텔레스는 철학과 학문 연구에 전념할 수 있었다. 나중에 동료가 된 테오프라스토스(대략 BC 370~BC 288년)를 알게 된 것도 이때인 듯싶다. 아리스토텔레스가 헤르미아스의 여동생(또는 조카딸) 피티아스와 결혼한 것도 이때인데, 이 결혼을 통해 그는 딸과 아들 니코마코스를 얻었다. 아테네 밖에 머물던 시절 아리스토텔레스는 다량의 동물학 관련 자료를 수집한다. 이들 자료는 관련된 연구와 더불어 아리스토텔레스에게 동물학자의 명성을 부여한다.

BC 345년 헤르미아스가 죽자 아리스토텔레스는 레스보스섬의 미틸레네로 옮겨 간다. 2년 뒤 그는 필리포스 왕의 부름을 받아 당시 13세이던 알렉산드로스에게 가르침을 베푼다. 나중에 철학의 대가 반열에 오르는 한 사람이, 나중에 세계사에 이름을 떨치는 한 사람을 가르쳤다는 것은 전무후무한 일이다. 그러나 아리스토텔레스의 저작 어디에도 저 이례적인 제자에 대한 이야기는 나오지 않는다.

마케도니아에 대한 아테네의 저항운동이 테베의 함락(BC 335년)으로 무산된 뒤 아리스토텔레스는 지천명의 나이가 되어서야 학창 시절의 아테네로 돌아온다. 그의 '제2차 아테네 체류 시기(BC 335 혹은 BC 334~BC 322년)'가 시작되는 것이다. 아리스토텔레스는 이후 12년 동안 리케이온에서 일한다. 그 건축 양식 때문에 리케이온은 페리파토스라 불리는데, 페리파토스란 원래 '산책'을 뜻하는 말이었으나 나중에는 '차양이 설치된 주랑(柱廊)', '거닐며 토론하는 복도'를 의미했다.

리케이온에서 아리스토텔레스를 중심으로 형성된 집단이 구속력이 있는 학술 공동체였는지는 불확실하다. 공식적으로 학교를 세울 수 있는 처지도 아니었다. 외국인이라서 토지 취득이 불가능했기 때문이다. 어쨌거나 그는 '민족적인' 성향이 강한 아테네에서 항상 의심받는 이방인이었고 지적인 면에서는 외국인 학자 중 한 사람일 뿐이었다. 아리스토텔레스는 리케이온에, 당시로서는 상당히 큰 규모의 도서와 다량의 교구를 갖추고 있었다. 그는 공개강의 형식을 빌려 그가 젊었을 때 집필했던 저술들을 손질해 완결된 형태로 만들었다. 뿐만 아니라 그동안 수집한 자료들을 분류하고 평가하는 작업도 병행했다.

BC 323년 알렉산드로스가 죽자 아리스토텔레스는 다시 아테네를 떠난다. 그의 정치철학이 마케도니아의 관심에 반하는 것이었음에도 불구하고, 반(反)마케도니아 책동에 희생되지 않을까 두려웠기 때문이다. 게다가 그는 일찍이 소크라테스로 하여금 독배를 들게 만들었던, 신을 믿지 않는다는 혐의로 고발되어 있었다. 아리스토텔레스는 아테네를 떠나면서 이렇게 말했다고 한다. "아테네 사람들이 철학에 대해 두 번씩이나 죄를 짓지 않게 하겠다." 소크라테스의 운명을 넌지시 내비친 것이다. 아리스토텔레스는 어머니의 고택이 있는 에우보이아섬의 칼키스로 낙향한다. 그 얼마 후, BC 322년 10월 이름 모를 병을 앓다 62세의 나이로 세상을 뜬다. 아리스토텔레스는 아내 피티아스 옆에 안장해 달라는 유언을 남겼다.

옮긴이에 대해

한석환은 숭실대학교 철학과 명예교수다. 주된 연구분야는 서양고대철학, 존재론, 수사학이다. 주요 저서로는 《존재와 언어》(2007년 대한민국학술원 우수학술도서), 《아리스토텔레스 수사학 연구》(2016년 대한민국학술원 우수학술도서), 《감정의 귀환》(2022년 대한민국학술원 우수학술도서)이 있으며, 주요 역서로는 《하일라스와 필로누스가 나눈 세 편의 대화》(G. 버클리), 《철학자 아리스토텔레스》(J. L. 아크릴), 《철학자 플라톤》(M. 보르트) 등이 있다.

원서발췌 형이상학

지은이 아리스토텔레스
옮긴이 한석환
펴낸이 박영률

초판 1쇄 펴낸날 2018년 5월 14일
개정2판 1쇄 펴낸날 2025년 11월 6일

지식을만드는지식
출판등록 제313-2007-000166호(2007년 8월 17일)
02880 서울시 성북구 성북로 5-11
전화 (02) 7474 001, 팩스 (02) 736 5047
commbooks@commbooks.com
www.commbooks.com

지식을만드는지식은
커뮤니케이션북스(주)의 고전 출판 브랜드입니다.

ISBN 979-11-430-1460-3 03110

책값은 뒤표지에 있습니다.